真諦大師

高僧傳

漢傳唯識學先驅

編撰——黃國清

【編撰者簡介】

黃國清

男，中國文學博士，南華大學宗教學研究所副教授、唯識學研究中心主任，研究方向為佛經語言文獻學、中印佛教思想。在《中華佛學學報》、《揭諦學刊》等期刊發表學術論文三十餘篇。目前學術研究主要從事佛教經論思想詮釋及佛經漢譯的研究。

【「高僧傳」系列編輯序】

令眾生生歡喜者，則令一切如來歡喜

「為佛教，為眾生」六個字，乃是印順法師於臺北市龍江街慧日講堂（後因大門遷移，地址遷至朱崙街）為證嚴法師授予三皈依、並賜法名時的殷殷叮囑：「既然出家了，你要時時刻刻為佛教、為眾生。」

依證嚴法師解釋：「為佛教」是內修清淨行，「為眾生」則要挑起如來家業，走入人群救度眾生。因此法師稟承師訓，一心一志「為佛教還原教義，為眾生點亮心燈」，而開展慈濟眾生的志業。

證嚴法師開創「靜思法脈，慈濟宗門」，並將其與「為佛教，為眾生」合釋：「靜思法脈」乃「為佛教」，是智慧；「慈濟宗門」即「為眾生」，是大愛。

進而言之，「靜思法脈，慈濟宗門」即菩薩道所強調的「悲智雙運」：「靜思法脈」是「智」，「慈濟宗門」是「悲」；傳承法脈、弘揚宗門就要「悲智雙運」，積極在人間發揮慈、悲、喜、捨四無量心。此亦即慈濟人開展四大志業、八大法印時的根本心要。

由其強調「悲智雙運」可知，「靜思法脈，慈濟宗門」並非標新立異，而是傳承佛陀教法以及漢傳佛教歷代高僧的教誨——包括身教與言教，並要求身心皆徹底踐履。為了讓世人明瞭慈濟宗門之初心與悲願，也讓這些歷代高僧的事蹟與精神更廣為人知，大愛電視臺秉持證嚴法師的信念，於二〇〇三年起陸續製作《鑑真大和尚》與《印順導師傳》動畫電影，將佛教史上高僧大德的動人故事，經由動畫電影的形式，傳遞到全世界。

因為電影的成功，大愛電視臺進一步籌畫更詳盡的電視版〈高僧傳〉——採取臺灣民眾雅俗共賞的歌仔戲形式。〈高僧傳〉的每一部劇本都是經過數個月的資料研讀與整理，縝密思考後才下筆，句句考證、字字斟酌。製作團隊感受到每一位大師皆以身作則、行菩薩道的特質，希望將每位高僧的大願與大行傳遍世界。

然而，不論是動畫或戲劇，恐難完整呈現《高僧傳》中所載之生命歷程，以及諸位高僧與祖師之思想以及對後世之貢獻。因此，慈濟人文志業中心便就〈高僧傳〉歌仔戲所演繹過的高僧，以《高僧傳》及《續高僧傳》之原著為基礎，含括了日、韓等國之佛教史上的知名高僧，編撰「高僧傳」系列叢書。我們不採取坊間已有之小說體形式，而是嚴謹地參照人物評傳的現代寫法，參酌相關之史著及評論，對其事蹟有所探討與省思，並將其社會背景、思想及影響皆納入，雜揉編撰，內容包括高僧的生平、傳承及主要思想或重要經典簡介。從中，我們不僅可以讀到歷代高僧的智慧與悲心，亦可一覽相關的佛教史地、典籍與思想。

在編輯過程中，我們可以看到歷代高僧之「為佛教，為眾生」：鳩摩羅什飽受戰亂、顛沛流離，仍戮力譯經，得令後人傳誦不絕，乃是為利益眾生；玄奘歷萬里之險取得梵本佛經、致力翻譯，其苦心孤詣，是為利益眾生；鑑真六次渡海欲至東瀛傳戒，眼盲亦不悔，是為利益眾生；六祖惠能隱居十五載以避害身之禍，只為弘揚如來心法，並言「佛法在世間，不離世間覺；離世求菩提，猶如覓兔角」，亦是為利益眾生……

這些高僧祖師大可獨善其身、如法修行以得解脫，為何要為法忘身、受諸逆境而不退？究其根本，他們不只是為了參究佛法，而是深知弘揚大乘佛法的目的乃在於大慈大悲地度化眾生、讓眾生能得安樂；若不能讓眾生同霑法益，求法何用？如《大智度論．卷二七》所云：

一切諸佛法中，慈悲為大；若無大慈大悲，便早入涅槃。
由此可知，就大乘精神而言，「為佛教」即應「為眾生」，實為一體之兩面。

「大悲」為「諸佛之祖母」

除了歷代高僧之示現，「為眾生」之菩薩道的實踐，於經教中更是多不勝數、歷歷可證。例如，《無量義經．德行品第一》便說明了菩薩作為眾生之大導師、大船師、大醫王之無量大悲：

無量大悲救苦眾生，是諸眾生真善知識，是諸眾生大良福田，是諸眾生不請之師，是諸眾生安隱樂處、救處、護處、大依止處。處處為眾作大導師，能為生盲而作眼目，聾劓啞者作耳鼻舌；諸根毀缺能令具足，顛狂荒亂作大正念。船師、大船師運載群生渡生死河，置涅槃岸；醫王、大醫王，分別病相曉了藥性，隨病授藥令眾樂服；調御、大調御，無諸放逸行，猶如象馬師，能調無不調；師子勇猛，威伏眾獸，難可沮壞。

如來於《法華經．觀世音菩薩普門品》中宣說，觀世音菩薩更以三十三種應化身度化眾生：

佛告無盡意菩薩：善男子，若有國土眾生，應以佛身得度者，觀世音菩薩即現佛身而為說法；應以辟支佛身得度者，即現辟支佛身而為說法；應以聲聞身得度者，即現聲聞身而為說法；應以梵王身得度者，即現梵王身而為說法；應以帝釋身得度者，即現帝釋身而為說法……應以天龍、夜叉、乾闥婆、阿修羅、迦樓羅、緊那羅、摩侯羅伽、人非人等身得度者，即皆現之而為說法；應以執金剛神得度者，即現執金剛神而為說法。無盡意，是觀世音菩薩成就如是功德，以種種形遊諸國土，度脫眾生，是故汝等應當一心供養觀世音菩薩。是觀世音菩薩摩訶薩，於怖畏急難之中能施無畏，是故此娑婆世界皆號之為施無畏者。

為何觀世音菩薩要聞聲救苦？因為菩薩總是「人傷我痛、人苦我悲」，恆以「利他」為念。如《大丈夫論》所云：

菩薩見他苦時，即是菩薩極苦；見他樂時，即是菩薩大樂。以是故，菩薩恆為利他。

正是因為這般順隨眾生、「以種種形」而令其無畏的無量悲心，讓觀世音菩薩受到漢傳佛教乃至於華人民間信仰的共同崇敬。慈濟人之所以超越貧富、超越國界、超越宗教地去關懷與膚慰需要幫助的生命，便是效法觀世音菩薩無量悲心、無量應化的精神。

在《法華經．普賢菩薩勸發品》中發願、將於佛滅後守護及教導受持《法華經》之眾生的普賢菩薩，於《華嚴經．普賢行願品》中則教導善財童子如何供養諸佛，亦揭示了如來、菩薩、眾生的關係：

於諸病苦，為作良醫；於失道者，示其正路；於闇夜中，為作光明；於貧窮者，令得伏藏。菩薩如是平等饒益一切眾生。何以故？菩薩若能隨順眾生，則為隨順供養諸佛；若於眾生，尊重承事，則為尊重承事如來；若令眾生生歡喜者，則令一切如來歡喜。何以故？諸佛如來，以大悲心而為體故。因於眾生，而起大悲；因於大悲，生菩提心；因菩提心，成等正覺。……若諸菩薩，以大悲水饒益眾生，則能成就阿耨多羅三藐三菩提故。是故菩提，屬於眾生；若無眾生，一切菩薩終不能成無上正覺。善男子，汝於此義，應如是解。以於眾生心平等故，則能成就圓滿大悲；以大悲心隨眾生故，則能成就供養如來。

《大智度論．卷二〇》亦云，佛陀強調，大悲心乃是諸佛菩薩之根本，具大悲心方能得般若智慧，亦方能成佛：

大悲，是一切諸佛、菩薩功德之根本，是般若波羅蜜之母，諸佛之祖母。菩薩以大悲心，故得般若波羅蜜；得般若波羅蜜，故得作佛。

「菩薩若能隨順眾生，則為隨順供養諸佛；若於眾生，尊重承事，則為尊重承事如來；若令眾生生歡喜者，則令一切如來歡喜。」閱及此段，不禁令人深深體會證嚴法師之智慧與悲心：慈濟宗門四大、八印之聞聲救苦、無量應化地「為眾生」，也是同時「為佛教」地供養諸佛、令一切如來歡喜啊！

歷代高僧雖未如慈濟宗門般推動慈善、醫療、乃至於環保、國際賑災等志業，乃因其時空因素，欲度化眾生先以弘揚大乘經教與法義為重；現今經教已備，所須的乃是效法菩薩道之力行實踐！慈濟宗門便是上承歷代高僧與經論之教法，推動四大、八印，行菩薩道饒益眾生，以此供養如來。

換言之，歷代高僧之風範、智慧及悲願，為佛教，也為眾生，此即諸佛菩薩之本懷，亦為慈濟宗門之本懷！這便是《高僧傳》系列叢書所欲彰顯者。

遙企歷代高僧儼然身影，我們可以肯定：為眾生，便是為佛教；為佛教，一定要為眾生！

【推薦序】

精密而宏大地勾勒大師典範

——吳忠偉（蘇州大學哲學系教授）

真諦者，何人也？中國佛教史上四大譯家之一、古唯識攝論學派的理論奠基者也。

作為譯家，真諦法師超逸眾多佛經翻譯家，比肩赫赫有名的玄奘、羅什這樣的翻譯大師，其佛經翻譯之功德偉業可見一斑。而作為學派的理論奠基者，真諦法師基於以印度唯識經典為主的佛經翻譯，最早將印度唯識學系統傳介到中國，正是通過真諦及其法嗣與再傳弟子三代學人的努力，中國古唯識學的攝論學派得以形成，此對隋唐之後的中國佛學影響巨大。

眾所周知，作為中國佛學大綱的《大乘起信論》乃託名印度馬鳴菩薩而作，其有梁、唐二譯，其中最早的梁譯本即為署名真諦之譯。對於《起信論》之真偽，學界雖有討論乃至已有基本的判定結論，然此不妨礙《起信論》作為中國佛學大綱的地位；故於《起信論》，梁啟超等學問大家乃是歡喜頂禮，頷首讚歎。

至於真諦是否真是《起信論》之譯者，學界對此實亦有爭議；然《起信論》思想乃是綜合融攝唯識學與佛性論與如來藏思想而成，正契合真諦法師唯識學之風格，則是學界較為一致的觀點。若此，從思想考古角度看，以真諦為《起信論》之首譯者，實間接指示了真諦法師對於隋唐以降中國佛學的巨大貢獻。

按說，真諦及其法嗣、再傳所創之攝論學派既與六朝隋唐中國佛學有如此關係，我們對其人、其學應不陌生；然殊為奇怪的是，對此翻譯巨匠、佛學大師，不論學界宿儒還是市井大眾，中國之人甚少提及，頗吝筆墨；此與玄奘雅俗共賞、婦孺皆知，竟敷陳演繹而成傳奇的情形正形成一絕大的反差對比。此時也？運也？難以解說。

毋庸置疑，作為東土意志堅定的西行取經求法僧，玄奘法師是偉大的；而作為一名遠離父母之邦的印度傳經弘法僧，真諦法師不僅同樣意志堅定，且目光遠大、願力宏深，更有極為不尋常之顛沛流離的弘法人生經歷。如此佛教史上的巨人、那麼多不同尋常的弘法故事，真諦之人、之學當大書特書。

然真諦一生雖精彩無比，而因時過境遷、學派興替，其之生平行履資訊已散佚各處，史海茫茫，留給我們的但是一個十分模糊的真諦法師形象，此實憾事也，令人嗟嘆、感慨萬分。

今黃國清教授以飽滿之熱情，依精密之學術考辨，運如椽大筆，為我們勾勒了真諦這一佛教史上的廣輝人格形象，展示其之傳譯唯識經典與其法嗣再傳創立之攝論學派對中國佛學的深遠影響，實在令人讚歎。

鄙意以為，一部思想型宗教人物傳記的成功寫就，作者當具備三個條件：一是要有同宗教家一樣的熱情，二是具有思想史家的文獻功夫與縝密的義理之思，最後還要有小說家的生花妙筆、斐然文采。其一若闕，則傳記不是「質」而無「文」、行之不遠，就是理性有餘、缺乏打動人心的感染力，遑論以傳記形式展示思想史的波動曲折，依人因事而論學說之升降進退。無疑，《真諦大師》作者三美兼具，故得以有此功成。

不寧惟是，我們看到作者在《真諦大師》中展現了一罕見的歷史空間想像力，將一已處於中國佛教思想史邊緣狀態的真諦，置於一宏大的歷史進程與跨地域的空間系統之下，從而把真諦弘傳古唯識學與印度、中國（尤其是南中國）以及東南亞（尤其是扶南）三大佛教系統的互動關係聯繫起來；進而以此典型個例，立體性地呈現了六世紀的南亞與東亞佛教世界的複雜生態。由此可見，國清教授此傳雖是一精巧之作，而有其宏大之企圖寓焉，對此余等拭目以待，樂觀其成。

余與黃國清教授結識多年，深佩其之為人為學。今國清教授出此書囑余為序，余因其美意而得以先睹為快；焚香展卷，盤桓多日，沉浸其中，欲罷不能。余以為，《真諦大師》一書史論結合，文理俱佳，生動感人，誠為宗教家思想傳記之典範，允當速行刊佈，以饗學界。

【推薦序】

一部扎實而動人的高僧傳記

——趙東明（臺大哲學博士．上海華東師範大學哲學系副教授）

臺灣南華大學唯識學研究中心黃國清主任的《真諦大師》一書即將付梓，叮囑我這個學術後輩撰寫推薦序，個人實感惶恐！黃教授之所以命我寫序，大概是因我研究玄奘、窺基的唯識學，也寫過探討真諦譯「轉依」為「阿摩羅識」（即清淨無垢之識，九識中之第九識）的相關論文。個人只能略述所知一二，以點綴此書，並由衷推薦黃教授這本大作！

真諦是中國佛教四大譯經家之一，因其翻譯印度唯識學鼻祖無著的《攝大乘論》及世親注釋的《攝大乘論釋》，而被尊為唯識古學攝論學派之祖。唯識學古來即有新、舊譯（或新、古學）之分。舊譯（古學）以真諦傳譯所形成的攝論學派為主，旁及菩提流支等人翻譯世親《十地經論》所形成的地論學派；新譯（新學）則以玄奘傳譯印度護法——戒賢一系所形成的法相唯識宗為主，後由窺基、慧沼、智周紹續光大。奘門弟子對真諦所譯唯識經論多有誤譯的指斥。

直至近代，法國學者列維（Sylvain Lévi）以尼泊爾發現的印度論師安慧《唯識三十頌釋》梵本，於一九二五年在巴黎出版，方得以釐清真諦傳譯的唯識古學是有所據的，即安慧一系的思想傳承。日本學者宇井伯壽於英國留學時受學於列維，他根據安慧的梵文本重新審視唯識古學，認為玄奘唯識新學的理解已偏離世親原旨，宇井氏的弟子上田義文進一步發揮其師的見解。

另一方面，列維的早期弟子、著名佛教文獻學家普桑（Louis de la Vallée Poussin），於一九二八年將玄奘漢譯的《成唯識論》譯成法文出版。時在歐洲追隨普桑的山口益，於唯識學問題上即對宇井伯壽的觀點持反對態度，認為玄奘並未偏離世親的原意。山口氏的學生長尾雅人繼承乃師，在相關問題上與上田義文進行過正面交鋒，其他許多日本學者也參與了這場發生在日本的新、古唯識學論爭。

在漢語學界，則有印順法師與牟宗三的不同見解。印順法師認為，真諦將如來藏學糅入瑜伽學，如其所譯《攝論釋》；而將瑜伽學糅入如來藏學，如《佛性論》，存有調和二種學說的意圖。牟宗三在《佛性與般若》一書中，認為真諦的思想明顯屬於如來藏自性清淨真常心的「真心派」，有別於印順法師所指陳之調和真心與妄心的傾向。

關於此點，黃教授這本大作有所述及：真諦所傳唯識學說接近安慧一系，他向德慧、安慧學過唯識學，安慧傾向於「無相唯識學」，異於那爛陀寺護法系的「有相唯識學」。

然而，真諦作為一位翻譯家，其思想或許是多元的。除了著名的《大乘起信論》是否為真諦譯作這個如謎團般的歷史公案外，真諦也漢譯了不少唯識學的重要論書，黃教授便在書中提及：「《攝大乘論》與《俱舍釋論》可說是真諦譯經上的最大成就」。因之，吾人不宜以單一向度評價真諦大師，黃教授這本真諦傳記正是採取多元思考的學術視角，難能可貴！

綜觀黃教授此書，有旁博扎實的文獻依據，以及細膩的佛教思想論述，還有精細的歷史地理考證維度，加之精彩生動的文筆與虔誠的佛教信仰元素，乃是難得之可感動人心的高僧傳記著述。謹在此由衷讚歎並鄭重向讀者推薦此書！相信深入閱讀後必可洗滌心靈，於佛理獲益良多！

【編撰者序】

跨越時空、觀照大師生命

接觸唯識佛學已過二十多個寒暑，時間與精力主要配置在玄奘法師所傳譯、由護法論師集其大成的印度唯識學說體系；至於真諦法師及其所承的唯識學說，則一直停留在印象模糊的認識。這與許也是玄奘傳弘唯識新學以後，漢傳佛教圈中絕大多數唯識學人的共通情況。

對於真諦所譯唯識經論的傳統評價，大體認為，相較於玄奘譯經的貼緊義理與譯語精當，真諦的漢譯文句常有「偏離原義」之處。現代佛教學界得以參照新發現的安慧《唯識三十論釋》梵文本，及保留在藏傳佛教文獻的安慧論師著述，始能對真諦所傳唯識學說的學派屬性給出適切研判。此外，亦可在對勘中映現出真諦融通唯識義理與如來藏說的思想特色。真諦譯介唯識佛學的努力過去曾遭誤解，其功績在今日佛學研究語境中獲得了平反。

當慈濟圖書出版部徵詢我撰寫真諦法師傳記的意願時，未經太多思考即應允下來，原想藉此機緣深入了解真諦這位譯經大師與一代唯識師匠的生平事蹟與學說思想。披覽《續高僧傳》所載錄的〈陳南海郡西天竺沙門拘那羅陀傳〉，僅見約二千字的記述；加上真諦弟子們所寫的簡短譯經序跋，及佛經目錄的有限記載，所得材料實難以支撐一本傳記的書寫。

在寫作計畫陷於困頓之際，一面閱讀學者們關於真諦生平、譯著、思想的研究資料，一面通過史地圖書追溯真諦所處的歷史地理文化背景，很多想法不斷浮現出來。唯有將真諦的生涯活動與譯經事業重新置放於印度、東南亞、中國當時整體時空環境之政治社會、宗教文化脈絡來進行觀照，才有辦法更好地理解真諦其人其事。

本書「示現」篇的第一章，考察古代印度相關的地理空間與歷史情境，以及瑜伽行唯識學派的發展與分化，呈現真諦早年學思佛教經論的文化機遇。第二章將歷史觀察鏡頭拉到扶南的政治與宗教舞臺，探索一位印度僧人在當地可能獲得的優渥待遇與弘化條件。第三章來到梁武帝時代的中國佛教榮景，及侯景叛亂後的蕭條處境，揭顯懷抱傳弘經論理想而來的真諦何以有志難伸。第四章呈現真諦在梁朝末年流離各地，困頓譯經的堅毅心志。第五章探討陳朝與立後的政治與佛教大環境，審視真諦譯經事業所面對的機會與挑戰。第六章敘說真諦晚年在廣州獲得有力護持，建立翻譯團隊，譯經事業發生突破性進展，及圓寂後弟子往赴各地弘通的經過。

「影響」篇的三章分別聚焦於攝論學派的形成發展、阿摩羅識的特殊思想，及《大乘起信論》與真諦思想的重要連結。這些應是真諦影響中國佛學最大的三個面向。

寫完這本真諦大師的傳記，對其學思歷程與學問人格的認識確實大幅增益，也樂意分享給有興趣的朋友們。感謝精通佛學的吳忠偉與趙東明二位教授惠賜序文，也感恩此書撰寫過程的一切好因緣！

目錄

貳・阿摩羅識思想 297

捨凡夫法阿羅耶識滅，此識滅故一切煩惱滅。阿羅耶識對治故，證阿摩羅識。阿羅耶識是無常，是有漏法；阿摩羅識是常，是無漏法。

參・《大乘起信論》之開展 347

夫《起信論》者，乃是至極大乘甚深祕典，開示如理緣起之義。其旨淵弘寂而無相，其用廣大寬廓無邊，與凡聖為依，眾法之本。以其文深旨遠，信者至微。

附錄

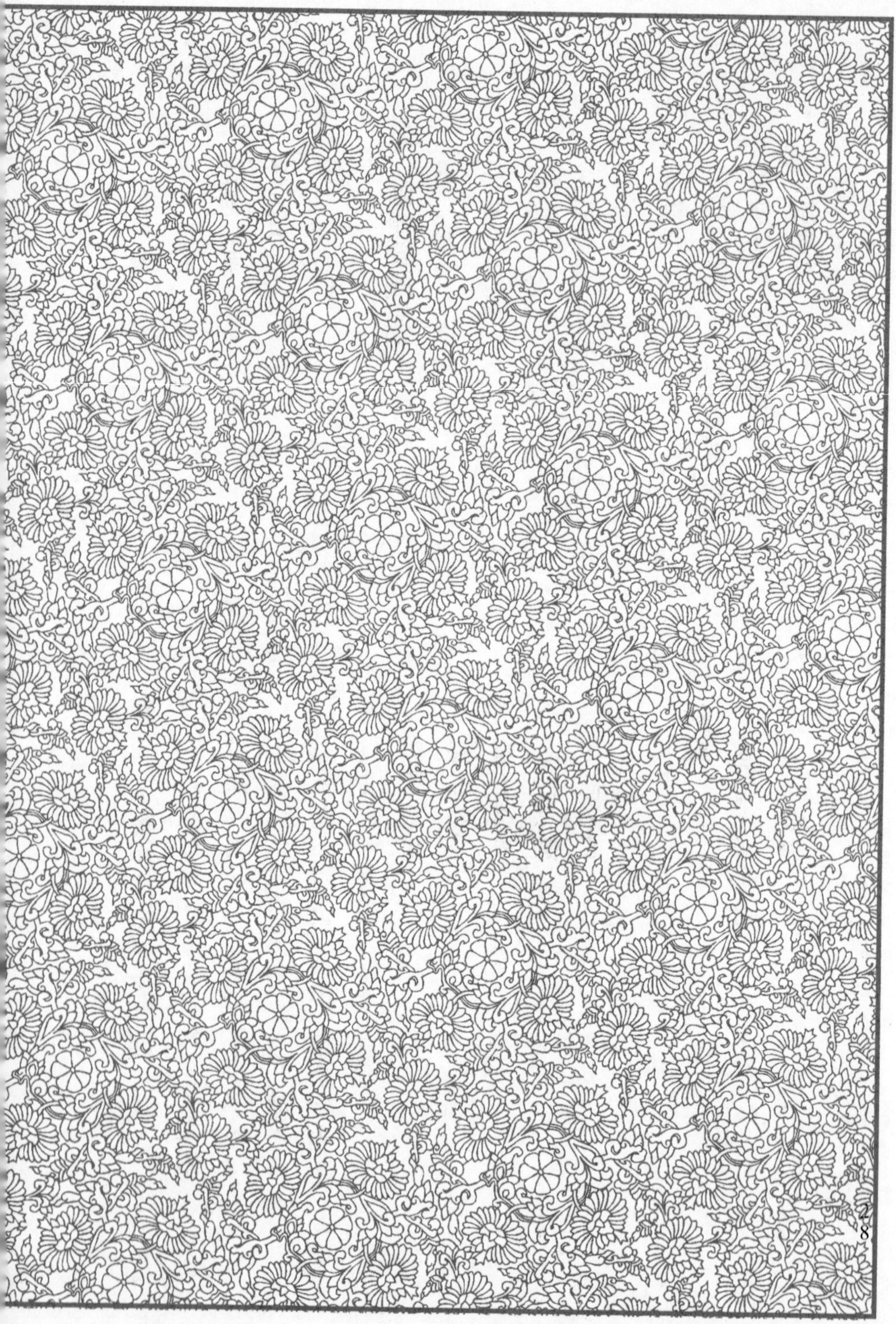

示現

第一章　印度修學時期

景行澄明，器宇清肅；風神爽拔，悠然自遠。群藏廣部，罔不厝懷；藝術異能，偏素諳練。

西元四九九年的某日，在西天竺優禪尼（Ujjayinī之音譯，又譯為鄔闍衍那，於今印度中央邦的Ujjain）的一個婆羅門家庭，誕生了一個男嬰。他的相貌看起來骨骼清奇、聰明叡智，將來必有大成就，父母親族都感到非常欣喜。然而，這時優禪尼地區生存環境的紛擾不寧，讓喜悅的氛圍蒙上一層陰影。

他們將這個男孩取名為「拘那羅陀」（Kulanātha，意為「親依」），意思是家族的依怙，期望他將來能夠出人頭地，成為家族的榮耀。父母親所沒想到的，是這個孩子未來會出家學佛，精通佛教義理；更遠赴海外弘傳佛法，成為中國的四大譯經家之一，與後秦鳩摩羅什及唐代的玄奘與義淨（另一說為不空）等大師並列。

拘那羅陀擁有兩個梵文名字，另一個名字是「波羅末陀」（Paramārtha），漢文意譯即為中國佛教圈所熟悉的「真諦」（勝義的真理），或許是他出家時的法名。不過，他很少使用真諦這個名號，通常習用的名字還是拘那羅陀。本書在其出家前稱拘那羅陀，出家後稱真諦。

根據《續高僧傳》首卷的〈陳南海郡西天竺沙門拘那羅陀傳〉（下稱「真諦本傳」），真諦法師圓寂於南朝陳代太建元年（西元五六九年）正月，享壽七十一歲，由此推算他的出生年份落在西元四九九年。大約從這個時候開始白匈奴人（Hunas）展開第二波大舉入侵，占領西北印度，橫掃北印度，更挺進到中印度。

真諦的生平事蹟幸賴漢文佛教史籍《歷代三寶紀》、《續高僧傳》等書及其弟子們所寫譯經序跋的蒐集與載錄，否則可能已經湮沒於廣漠無涯的歷史大海中了。儘管如此，所能知道的訊息量依然有限，還須仰仗中印歷史、地理、佛教、宗教等其他眾多文獻資料，從一個寬闊的文化語境，點點滴滴地拼合出一幅真諦法師的生命歷程圖景。

印度遊蹤

拘那羅陀成長到八歲左右，依照婆羅門階級的人生學習慣例，家長會為他找到一位傑出老師，送過去與師尊同住，每日學習婆羅門教的宗教聖典，以及應對人類社會活動的重要學問。他每天跟隨著老師背誦這些典籍，學習進展非常快速，把老師所教授的婆羅門教典都熟習了。

拘那羅陀的心靈是敏感的；自小故鄉就處於戰爭動蕩而不太安寧，這可能是一個外在因緣促使他想要去接觸佛教，藉以尋求心靈的寧靜。婆羅門教重視宗教祭祀禮法，冥想永恆的梵我真理實體，及人世道德倫常的指引，這些不足以壓抑住他內心的擾動；當然，他會想學習佛法，宿世善根或許才是最主要的、不可言喻的內在驅動力量。

附近有座佛寺，有些僧人精勤誦經修行，面容顯得如此安詳自在。他時而與寺裡法師交談，他們總是述說：世間一切都是無常的、苦的、不可主宰的；每個人不具永恆不滅的精神自我，宇宙也無常存的實在本體；世人有所執著就有煩惱，內心遠離世俗，放下執取，才能自在無礙。這種學說與師尊所說教義差別很大，卻又具有幾分說服力，使他不禁陷入困惑當中。

隨著時間的經過，拘那羅陀對探求佛法的興趣越發濃厚，領會也比較深刻了，動起了出家的念頭。他們的家族屬於婆羅門階級，深信婆羅門教方為正統學問，佛教則是異端學派。父母親十分擔心他真的跑去出家，百般勸導，希望他能像大多數世俗中人一樣，娶妻生子，繼承家業，光大門楣。

拘那羅陀想要出家的心變得堅定起來，雙親再也勸不住他，姑且先順從他的意思，讓他出家作個沙彌，再慢慢勸他回心轉意。

拘那羅陀就在正量部的寺院剃度，成為真諦法師。出家後認真學習正量部的戒律、《阿含經》，還有本部的基本論書，探求真理的心從不感到疲厭。

雖然有緣出家學法，但家鄉周邊地區一直動蕩不安。外族入侵者對佛教並不是很尊重，學習佛法受到很大的干擾。另一方面，他很快便學完師父所傳授的佛教典籍，老師沒有多少可再教給他了。

依止師父幾年後，他索性離開故鄉，前往各地訪求善知識，追尋佛教的究極真理。他學習佛法的因緣很好，加上個人智慧根機聰敏，跟隨幾位著名的佛教論師精勤用功，在佛學上達到很高的造詣。

真諦來華之前在印度與南海的蹤跡，古代佛教史籍中只能見到隻言片語的敘說；真諦本傳僅有一百五十餘字的記述，並沒有提到什麼特別的事情。首先，描寫他的氣質與德行：「高尚德行澄澈明淨，儀表氣概清正嚴肅，風度神態爽朗出眾，淡泊心境遠離塵俗。」簡言之，真諦通曉佛教法義，修為非常好，在言行舉止當中自然表露出來。

傳記中接著述說，他在學習成長的過程中，對各類經論典籍無不關心研覽，於種種技藝才能都已精練熟習；他遵奉與精通佛教義理，也因通達印度諸家學說而名聲遠揚。修學有成之後，內心深感法喜，為了讓更多人了知佛教的最高真理，真諦不辭勞苦，長程跋涉，歷經危險艱辛，雲遊各個國家，順應機緣教化他人。

真諦博通佛教與世間的典籍，對思想奧義具備深透的領會，這必須通過長期精進的聞法、思惟與修習始能達致。他的中國弟子慧愷在〈攝大乘論序〉對師尊的學思歷程給出次第深進的概括：他自年少時期開始遊歷各地，參訪多位名師；先通曉婆羅門教的四吠陀聖典（Vedas）與六派哲學論書，然後窮究聲聞佛教的經、律、論三藏典籍，最後再精研大乘佛教經論的深妙理趣。

那時的印度有著許多通達佛教義理的經師與論師，在海外則善知識難得值遇。為了讓其他國家的人們有較好的因緣學習到佛典教理，真諦選擇航海遠行，輾轉到達扶南國（政治中心在今柬埔寨），駐錫當地弘揚佛法。他聲名卓著，受到國王的敬重和禮遇。不過，真諦是在什麼時間離開印度及何時到達扶南國並無文獻資料可考。

他在扶南的期間，適逢梁武帝派遣官員隨同扶南進貢使臣返國，希望迎請佛髮舍利及大乘經書與三藏法師到中國去；當地國王留陀跋摩（Rudravarman）經過數年的妥善籌備，央請真諦法師作為高僧代表護送經書前往漢地。真諦久聞漢地佛法興隆，武帝優禮高僧，認為在中國應能開拓一番弘法事業，於是欣然應允，承擔這項重責大任。

真諦是在梁武帝中大同元年（西元五四六年）八月抵達南海郡（今廣東廣州），正式踏上中國的土地，時年四十八歲。直到他七十一歲圓寂為止，在南朝各地遊歷與譯經的時間有二十餘年。

真諦擁有豐厚的佛教學養，來到中國之後在南北朝梁、陳時代傳譯「唯識古學」，與後來唐代玄奘所譯介的「唯識今學」，屬於印度瑜伽行派（唯識學派）的不同學系；真諦並將唯識學說與佛性思想予以融通，有其特殊的佛教思想取向。換言之，真諦與玄奘所弘傳者並非同一系統的唯識學說，可連結到印度瑜伽行派不同的人物與地域。

真諦在印度的雲遊蹤跡，現存歷史文獻載記只能看到幾行缺乏具體資訊的文字。為了探尋真諦訪學移動的可能軌跡，通過其出生故里的時空環境及佛教義理的學派歸屬，或可勉力推敲出他在印度修學時期的部分行跡。真諦的故鄉優禪尼是個怎麼樣的地方？他會是在什麼地域以及受到哪些論師影響，而接受與養成深厚的唯識佛學訓練？這些都是待解的謎題。

優禪尼國

在真諦出生與成長的這個人生階段，西元六世紀初葉到中葉的印度屬於笈多王朝（Gupta Empire，西元三一九至五五〇年）末代，這個曾經橫跨東西印度、榮顯一時的偉大帝國在這個時期已趨近沒落，內部分崩離析。游牧民族自西北方入侵，優禪尼位於印度西部，所受到的戰火衝擊相較東方為大。

笈多王朝是繼孔雀王朝之後統一印度的第二個大帝國，建都在恆河東部平原的華氏城（Pāṭaliputra，今Patna附近），這裡過去也曾經是阿育王統領之下的孔雀王朝國都。到了笈多王朝的第三代皇帝超日王（Vikramāditya，西元三八〇至四一三年在位），他雄才大略，將統治版圖擴展到幾乎整個印度半島，與阿育王時代處於極盛期的孔雀王朝相當。

笈多王朝的全盛時期，工商暢旺，經濟繁昌，更扶持學術文化，印度正統文化出現相當欣榮的復興氣象。五世紀初來到華氏城訪學的中國高僧法顯讚歎這個中印度最大城市（《高僧法顯傳》稱「巴連弗邑」）「民人富盛，競行仁義」，國王施行仁政，刑罰輕省，人民持守不殺生、不飲酒等道德戒規。

著名的那爛陀寺（Nalanda）極可能是在笈多王朝第四任君王的時代所建造，就坐落於華氏城這個都城的周邊幾十里處，後來成為印度首屈一指的佛教學術文化中心。瑜伽行派興起以後，那爛陀寺發展為瑜伽唯識佛教最重要的學府，吸引世界各地佛教學人前來此地朝聖與學法。

笈多王朝以婆羅門教為其國教，而佛教在其都城依然具有發展空間。關於華氏城的佛教通行概況，法顯在傳記中提到，信奉婆羅門教的超日王崇敬一位婆羅門階級出身的大乘高僧，這位僧人弘宣佛法、功績顯著，使得外教人士不能欺凌僧眾；不過，此事也道出了佛教受到婆羅門教壓制的狀況。

華氏城有座著名的阿育王塔，旁邊興建了非常莊嚴的大乘僧院，還有其他小乘佛寺，出家僧眾共計約有七、八百人，各地精通佛理的僧人都匯聚在這裡研修佛法；前述那位大乘高僧的師尊也住在這間大乘佛寺，國內大德高僧與大乘沙門都非常敬仰他。法顯在這個城市獲得幾部戒律、部派論書與《方等般泥洹經》，停留了三年時間，學習梵語、梵文典籍及抄寫戒律。

隆盛時期的笈多王朝鼓勵和振興印度正統文化，婆羅門教的復興態勢猶如睡獅甦醒而奮迅有力；婆羅門教又汲取了佛教與耆那教的一些教義與儀式，更具宗教競爭力，朝向內涵更形豐富多元與適應人生的印度教轉化。帝王的支持與婆羅門教的轉型，對曾經興盛無比的佛教帶來莫大的壓力。

儘管統治者大力扶持婆羅門教，並不妨礙對佛教等其他宗教採取寬容的政策。在《高僧法顯傳》裡，藉由這位高僧的筆記，見證了笈多王朝全盛時期許多地方佛教活動的景況；可是，佛教的氣勢已大不如孔雀王朝與貴霜王朝那時躍居主流宗教地位的局面。

真諦的故鄉優禪尼曾經異常繁興，成為西印度的首善之都，笈多王朝對這個都市的營造投入極大心力。超日王出兵驅逐盤據在西馬爾瓦（Malwā）與卡提阿瓦（Kāthiāwar）半島的塞族人西方總督，將這片土地納入帝國版圖。王朝的國土廣闊綿延，笈多人於是在印度西部的優禪尼營建陪都；這個繁華城市不僅成為南行大道上的重要商業樞紐，同時也是發達的學術文化交流中心。

有「印度莎士比亞」之稱的著名詩人與劇作家迦梨陀娑（Kālidāsa），是笈多王朝的「九寶」之一，大概是在優禪尼這個地方寫出膾炙人口的詩篇《雲使》（Meghadhūta）。他在其中一首詩頌中刻畫了優禪尼的人間繁華景象：

縱使你在北行道路上會成彎曲迂迴，

不應避棄與優禪尼之宮殿勝地的情誼；
你會虛度光陰，若不欣賞那裡都會女子之
猶為一閃電光所觸而眼角顫動的目光。

迦梨陀娑大約生活在四世紀後半葉到五世紀上半葉，早了真諦一百多年，親歷了超日王治理時代的盛況；那時的優禪尼是一個經濟榮昌、人文薈萃之地。

就在真諦出生之際，六世紀開始，笈多王朝再度面臨來自西北方白匈奴族的強力進犯，及發生內部諸小王國的割據獨立，國勢快速衰落。白匈奴人占領西北印度地區，頭羅曼王（Toramāna）及其子摩醯邏矩羅王（Mahirakula）以犍陀羅（Gandhāra，於今阿富汗東部和巴基斯坦西北部）為據點，相繼進攻印度境內，雄據北印度大片土地，更趁著笈多王朝內亂曾經推進到印度中部，苟延的笈多王朝被逼退到恆河流域一隅。

摩醯邏矩羅王性情凶暴，他信奉婆羅門教的濕婆神一派，對佛教施行了殘酷的破壞。《大唐西域記．卷四》提到一種說法：摩醯邏矩羅王稱霸印度，曾要求僧團推舉高僧教他佛法；因推派的僧人是皇宮過去的僕役，種姓卑賤，摩醯邏矩羅王覺得僧團對他不敬，大為憤怒，於是通令全國毀壞佛教寺院，驅逐僧徒。這個惡王想學佛教之事應該只是虛構；古代印度相當重視種姓制度，藉由僧團派出奴隸種姓的僧人教導國王的說法，有意將破壞佛教的事件歸責於佛教這邊的不敬舉措。

真諦人生的早年階段，優禪尼並不是很太平，涵蓋在白匈奴人的占領區內，但應該並非外族人直接統治，而是由地方領主代理統轄民眾。外來游牧民族信奉印度神教，對佛教不是那麼尊重與包容，佛教受到打擊與壓制。

曾經文化繁盛一時的優禪尼已不再是個安穩的學習場所。然而，真諦出家的學習機緣很好，在故鄉西邊五百多公里處的伐臘毘（Vallabhi）取代了優禪尼成為印度西方的學術文化中心；這裡未受到戰事波及，佛教學術相當發達，匯聚了幾位精通唯識學說與佛性思想的著名論師。

摩臘婆國（Mālava）的英勇國王耶輸陀爾曼（Yaśodharman）大概在西元五三三年擊退了摩醯邏矩羅王，優禪尼在其庇護之下從此趨於安定。然而，真諦離開故居已久。

真諦自其年少時代就開始遊歷諸國；依時間推算，在耶輸陀爾曼王統治優禪尼之前，他早已遠離故鄉到較好的學習環境去研修佛理了。位於卡提阿瓦半島東岸的伐臘毘就各種條件而言，自然是首選之地。

玄奘於七世紀上半葉到訪過真諦的故鄉優禪尼（鄔闍衍那），忠實地記錄了這個地方的佛教沒落景象。他觀察到，此地人民眾多，家道殷富；國王是婆羅門種姓，閱讀外教典籍，不信佛教正法。寺院有數十座，多半已經荒廢，存續者只有三、五處；僧眾三百餘人，兼學大小二乘。天神寺廟數十間，外教徒眾雜居。

真諦的早年歲月與生長故鄉籠罩在強大外族勢力入侵的亂世紛擾氛圍，佛教文化環境也由盛轉衰，這與許是觸發他離開故鄉的一個重要因緣吧！然而，他遠離鄉土的目的可能也是為了到外地參學，去尋求人生意義的解答。就像佛陀當年一樣，即使貴為王子，也壓抑不了想要超克生命問題的內在心靈悸動。

離鄉背井這樣的人生重大決定，是由諸多內因外緣所共同推動；況且，還存在其他更重要的原因，促使真諦最後選擇遠渡重洋，而不留在生長的土地上弘法度眾。這些緣由，必須從當時印度佛教流通的時空背景試著來追索。

瑜伽行派

真諦的佛學專長領域是唯識學說，兼及佛性思想。若說到興起於西元四、五世紀的主流大乘佛教思潮，當屬無著（Asanga）與世親（Vasubandhu，又譯作天親）兄弟所發揚的瑜伽唯識佛教無誤。瑜伽行派後來與中觀學派並列為印度大乘佛教的二大正軌。

此外，另有一股佛性如來藏的思想脈流，而佛性學說在印度佛教歷史上比較處於配角的地位。真諦也聽講佛性如來藏學的論典，他的思想特色便是嘗試以唯識學說為主體而融會佛性思想。

無著與世親開展體系性的唯識學說之前，相傳由謎樣人物「彌勒」所傳述的《解深密經》、《瑜伽師地論》等瑜伽行派的早期核心經論已在佛教界流通。他們兩兄弟以瑜伽行教理為中心，融攝與批判了當時的一些大乘學說與部派理論，創作許多重要的唯識論典，共同完成了瑜伽唯識義理體系的建構。

無著與世親出身於北天竺犍陀邏的富樓沙富羅（今巴基斯坦白夏瓦〔Peshawar〕西北），他們的生存時代大約是在西元四、五世紀。兄弟二人以中印度的阿踰陀（Ayodhyā，今北方邦法扎巴德〔Faizabad〕境內）為弘法活動的基地，為唯識學說的傳揚開拓了相當大的格局。

真諦所傳唯識學說接近安慧論師一系，安慧應是在阿踰陀追隨世親論師學習唯識教理，而非大家經常以為的那爛陀寺。那爛陀是在距離阿踰陀東南方五百多公里的地方。根據玄奘的親身遊歷，世親造論與說法的寺院在阿踰陀大城內，無著菩薩說法的僧院則在城市西南方五、六里處。

玄奘在《大唐西域記．卷五》「阿踰陀國」中記述，無著依聲聞部派的彌沙塞部（Mahīśāsaka，化地部）出家修學，沒多久便轉信大乘佛教。世親則於說一切有部（Sarvāstivādin）出家受業，致力弘揚部派學說，後來受其兄無著的感化而歸信大乘。大乘佛教並無自己的出家戒律與儀式，致使大乘菩薩行者都是先在聲聞部派剃度出家，學習部派的戒律與經論，再轉而研修大乘教理。

真諦漢譯的《婆藪槃豆法師傳》，是專門為世親個人所書寫的傳記。裡面提及，世親出家後成為說一切有部的健將，義理論辯能力所向披靡，曾撰寫著名的《阿毘達磨俱舍論》，系統地闡釋有部學說，而暗中嵌入經量部的某些關鍵思想；此舉反映出，世親對有部理論仍存有不滿意的地方。

無著非常擔心世親會站在聲聞佛教立場詆毀大乘教法，累積不善業力，死後墮入惡道；他出於悲愍而方便感化，讓世親得以迴信大乘。世親確實捨了聲聞佛教，致力弘通大乘佛法，撰述了包含唯識論典在內的許多大乘論書，最後以八十歲高齡在阿踰陀圓寂。

世親傳記中特別提及，無著曾經修習小乘空觀而感到不夠穩當，認為佛法道理並不應僅止於此；於是運用神通前往兜率天宮諮問彌勒菩薩，後者為他解說大乘空觀。無著回到人世間後，再依彌勒所說而思惟深義，隨其思惟所得而向其他人講說；然而，聽聞者多不相信，他於是發願，祈請彌勒菩薩下來人間演說大乘教理，使聽法有情能夠生起信解。

彌勒菩薩就在夜間降臨說法堂，講誦《十七地經》（《瑜伽師地論》），大眾隨著他所講述的內容而理解其意義，每夜如此，一共長達四個月之久；雖然同堂聽法，唯有無著得以接近彌勒菩薩，其他人只能從遠處聽聞。夜裡大家一起聽聞彌勒說法，白天無著法師再為其他人詳細解釋彌勒所說的義理，眾人透過這樣的方式聽聞並信受彌勒菩薩的教說。

彌勒菩薩又在兜率天特別為無著解說各部大乘經典的教理，法師都能通達並憶持不忘。無著後來就在人世間編著大乘經典的注解論書，解釋佛陀所演說的一切深廣教法。

彌勒菩薩是我們這個娑婆世界的未來佛，目前正住在兜率天宮，等候著下生成道、廣度有情的成熟因緣。佛教修行者如果有什麼法義疑難無法確定，辦法之一便是設法修學相應的法門，以期上升兜率天宮請求彌勒菩薩決疑。

某天夜裡，無著正為門人教授禪定方法，有位天仙從虛空下降，禮敬無著，告知無著捨壽以後會在覩史多天（兜率天）彌勒內院的蓮花中化生，彌勒菩薩將會親自迎接。（《大唐西域記．卷五》）這是中國唯識佛教界多有學人發願往生兜率內院以跟隨彌勒菩薩學法所依據的一種傳述資料。

瑜伽行派學人相信，他們所宗的大乘經典與早期論書，是由彌勒菩薩在兜率天宮為無著解說，無著再輾轉講述給世親和其他弟子，彌勒菩薩即是這個學派的開山始祖。（註一）

根據玄奘學系所傳，唯識佛學有六部重要的經典依據：《華嚴經》、《解深密經》、《如來出現功德經》、《阿毘達磨經》、《楞伽經》和《厚嚴經》。

其中，《解深密經》無疑是最主要的經典資源，系統化闡明許多唯識學的重要觀點，也留下某些有待進一步釐清的問題。

此外，瑜伽唯識佛教擁有一個卷帙龐大的論書群，分別由彌勒、無著和世親所傳誦或撰著。歸屬於彌勒的論書包括：《瑜伽師地論》、《辯中邊論》本頌、《分別瑜伽論》、《辯法法性論》，以及西藏所傳由彌勒解釋《二萬五千頌般若經》（或稱《大品般若經》）的《現觀莊嚴論》等。

署名無著所作論書主要有下列幾部：《大乘莊嚴經論》、《攝大乘論》、《大乘阿毘達磨集論》、《顯揚聖教論》、《六門教授習定論》、《金剛般若論》等，立論闡揚大乘佛教精神及將唯識學說組織化。

至於世親論師，其著述涵蓋面相對廣泛，包括：《唯識三十論》頌文、《唯識二十論》、《辯中邊論》的注釋、《大乘莊嚴經論》的注釋、《攝大乘論釋》、《六門教授習定論》的注釋、《釋軌論》、《大乘成業論》、《大乘五蘊論》、《佛性論》等；解釋大乘經典的《十地經論》、《妙法蓮華經憂波提舍》（《法華經論》）、《無量壽經憂波提舍》（《往生論》），及其他佛教經典的注釋書，以及名聞遐邇的《俱舍論》等。說他是唯識學說的集大成人物亦不為過。

真諦來到中國，所漢譯的經論包括彌勒所傳《解深密經》與《瑜伽師地論》的一部分，以及無著所創作的《攝大乘論》、《金剛經論》，其他大多屬於世親的論著。世親對唯識學派的傳弘具有承先啟後的重要地位。

瑜伽唯識佛教的開宗祖師們傳下許多經典與論書，後代唯識學人對其義理的解釋不盡相同，免不了發生次學派的分化。關於印度瑜伽行派的傳承譜系，各家說法並不一致。真諦與玄奘二位傑出的唯識經論漢譯家分屬於不同支的法脈，因為他們所傳唯識義理出現思想上的明顯分歧。

真諦在中國傳譯印度「唯識古學」，其義理形成相較玄奘所傳「唯識今學」要早一些。玄奘法師在那爛陀寺向戒賢論師學習護法一系的唯識佛學這件事人所周知，真諦的思想則近於德慧與安慧這一派的觀點。

安慧論師在伐臘毘這邊所教授的唯識學義理，與那爛陀寺護法論師所傳者有不一樣的地方。安慧與護法都同意阿賴耶識一定是染汙性質的，必須消除一切染汙與遮障的成分，以實現佛智境地。然而，安慧似乎主張必須滅去阿賴耶識，以顯現與其異體的清淨心或法身；護法則強調轉識成智，就染汙的阿賴耶識本身徹底淨治而轉化為清淨的無垢識或智慧心（大圓鏡智）。又比如說，護法認為，心識在認識時，會在心識內部先現起見分、相分、自證分、證自證分的緣起影像；安慧則不認可會先有心識內部的影像。其他還有許多觀點上的差異。

真諦似乎未去名聞遐邇的那爛陀寺。優禪尼距離那爛陀有一千一百多公里遠，到伐臘毘則為五百多公里，況且伐臘毘同樣名聲遠播；就地緣關係而言，他最有可能選擇到伐臘毘。中國佛教徒對當時的印度文化地理缺乏理解，總以為修習唯識學就要到那爛陀才算正宗。

伐臘毘國

那爛陀寺是印度東方的佛教學術中心，還有一個位處西印度的佛教學術中心伐臘毘，兩處分別是東系唯識學與西系唯識學的重鎮。中國佛教徒常聽聞那爛陀寺的響亮名聲，而對伐臘毘這個名字少有耳聞。

真諦離開故鄉追尋佛法，應該前往印度西方學術文化中心的伐臘毘，因緣際會，在那裡可遇見德慧、安慧兩位瑜伽行派的著名論師，還有傳授佛性學說的堅慧論師。天資穎悟，加上明師調教，自己又精勤修學，讓真諦很快成為非常優秀的唯識學論師。

笈多王朝雖將婆羅門教視為國教，但並未特別打壓佛教，有的帝王同樣熱心於護持佛教。宗教之間互相影響與交融，同時信仰兩種宗教並不衝突。笈多王朝發跡於摩揭陀國，建都華氏城，並在離這個城市幾十公里處打造了那爛陀寺；在無著、世親以後，這處寺院逐漸發展成為唯識學最重要的弘講與研究中心。

玄奘說這座寺院在王舍城北行約三十里處；早於他來印度的法顯到過王舍新城與那羅聚落，卻對距離不算遠的那爛陀隻字未提。這處寺院應該在五世紀初尚未存在，或其聲名在當時全然不顯。這座著名寺院應當與起於笈多時期，推論王朝的第四代君王鳩摩羅笈多（約西元四一四至四五五年在位）是其創建者。

那爛陀寺在歷史上極富盛名，佛教界對此寺的相關傳說因此非常多。西藏僧人多羅那他（Tāranātha）所著《印度佛教史》指出那爛陀是個地名，阿育王曾在此地建造一座大佛堂，為建寺之始；又說龍樹曾在那爛陀寺主講佛法，是其輝煌時期；還迎來了無著、世親兩位大論師，使此寺再度光耀。當然，這些都只能歸諸於後世的傳說，缺乏支持證據；不過，也反映出這座寺院在佛教徒心目中的崇高地位。

那爛陀寺很快成為印度第一大伽藍，舉世聞名的佛教學術交流中心，著名的唯識學者如護法、德慧（後來去了伐臘毘）、戒賢曾駐錫這座寺院講論佛法，與中觀學派論師展開論辯激揚，一時海內外俊彥雲集。

德慧論師待過那爛陀寺，親自見證過此寺的占地遼闊，僧房無數，佛學鼎盛。根據《大唐大慈恩寺三藏法師傳．卷三》所記，經常有上萬僧人在那裡修學佛法，僧眾除了鑽研大乘經論之外，也兼學聲聞乘十八部派學說；還有世俗典籍的《吠陀》等，因明（邏輯學）、聲明（語言學）、醫方、術數都有人攻讀。最有學問的論師可以精通佛教經論五十部以上，另有不少人通達三十部、二十部。

笈多王朝在五世紀末步入衰微，疆界不斷退縮，許多地方豪族勢力乘機獨立建國。五世紀末位於西印度的梅特拉迦（Maitraka）氏族逐漸強盛，他們以卡提阿瓦半島上的伐臘毘為中心建立王國，國祚綿長，經濟與文化都相當發達，學術文化地位可與東方的摩揭陀國相提並論。

梅特拉迦王朝大抵崇信濕婆神這一系的宗教，但是對佛教仍大表支持。伐臘毘是梅特拉迦王朝的西方分國，其東方分國是摩臘婆。真諦的故鄉優禪尼（鄔闍衍那）就包含在摩臘婆這個大區域裡面，他與許就近到伐臘毘訪師學法，所學唯識思想屬於西方學系。

五印度境內有兩個國家特重學術文化，即西南的摩臘婆國（應指其國的伐臘毘），和東北的摩揭陀國。摩臘婆國推崇道德與仁政，學人聰敏而精進好學。境內寺院數百座，僧眾二萬多人，主要學習小乘正量部的學說。又有祭祀天神的寺廟數百間，外教徒眾多，多是塗灰苦修者一類。（《大唐西域記．卷十一．「摩臘婆國」》）

伐臘毘國的氣候物產、風俗人情類同摩臘婆國，寺院百餘座，僧眾六千多人，也學正量部學說。（《大唐西域記．卷十一．「伐臘毘國」》）由海路前往印度求法的唐代高僧義淨曾提及，中天竺的那爛陀寺與西天竺的伐臘毘國二處是人文薈萃、論議佛理之地。（《南海寄歸內法傳．卷四．「西方學法」》）七世紀時，伐臘毘依然是印度西邊的學術文化中心；只是，在佛教方面，聲聞部派的正量部具有主導地位。

真諦在中國譯出的部派論書中，就有屬於正量部的《立世阿毘曇》與《律二十二明了論》，可見他對正量部學說是極為熟悉的，可能是因為曾在伐臘毘學法的關係。

真諦會選擇前往伐臘毘，可見這裡確實是個學習佛法的好地方，各方面的條件都很優渥。國王雖信奉印度宗教，也同樣敬信佛教三寶，每年會舉行七天的無遮大會，用上好的飲食及三衣、醫藥供養僧眾；他將七寶等珍貴物品布施給僧團，然後再用雙倍價錢贖回。他尊崇德行高尚者，重視道德與學問，對於遠方前來的高僧，都會恭敬相待。

世親撰作《唯識三十論》的頌文，但自己並未寫出長行注解；瑜伽行派後世學人注釋這部論書較著名者有十大論師，德慧和安慧二人都列名十大論師當中，他們活躍於伐臘毘。

德慧、安慧兩位論師的唯識學說傾向於「無相唯識學」，有別於東方那爛陀寺護法系主張的「有相唯識學」。（註二）另外，與德慧齊名，弘揚如來藏學的堅慧論師曾留居伐臘毘撰著論書，盛行一時。

德慧還有注解《俱舍論．智品》的《隨相論》，及關於龍樹《中論》的注釋之作。安慧解釋《俱舍論》而著作《真實義》，還撰有《中論》、《大乘五蘊論》、《大乘莊嚴經論》、《大乘阿毘達磨集論》等論書的注疏。堅慧相傳是《究竟一乘寶性論》的作者。

伐臘毘城外不遠有座阿折羅（Ācāra）阿羅漢所建造的大僧院，真諦與學佛同道們或許在那裡聽講經論，及進行法義論辯。德慧與堅慧二位大論師來到伐臘毘的時候，都住在這座寺院裡。

真諦他們向這些大論師學法，注重背誦的方式。他們會先熟背經文或論書的偈頌和提綱，老師在解說內容時非常詳密，學生專注聽講，必須將講說內容立刻記憶下來，散課後還要反覆憶念與思惟；時日久了，學生的領解便會不斷深入，也越來越能掌握老師的思想。這是印度各派學說思想傳承的主要模式。

真諦在中國講解經論時，弟子記錄下來的釋義篇幅常是所講文本的數倍。

伐臘毘可說是當時唯識學與如來藏學並弘的大乘思想重鎮。真諦的時代與安慧相近，他們的唯識學觀點類同處頗多，可說是系出同門。真諦佛學思想的養成環境，應是德慧、安慧一系的唯識學與堅慧的如來藏學之往來對話語境。

真諦具足良好因緣親炙這幾位大論師，浸淫在這樣的佛教學術氛圍當中，用最大力量來汲取他們的佛學養分，心中每天充滿法喜，不感到疲厭。有什麼法義疑難，老師都會很快幫他決疑，有時還可聽聞到老師們之間的精彩法義論辯。這可說是得天獨厚啊！

安慧論師對唯識佛學極為通達，大家咸信他是世親晚年的弟子。有時候，大家打趣說：以前世親在念「九十九部」大經時，樑上有隻鴿子非常虔敬地聽經；鴿子死後轉世為一個商主的兒子，也就是安慧；由於前世結下的善緣，他年僅七歲就被送往世親跟前學習佛法。

這個故事對大眾有啟發效果，要在阿賴耶識裡面多種一些聽聞熏習的種子；還有，值遇善知識要懂得珍惜，機會難逢！

笈多王朝末年世局紛亂，印度歷史進入一段黑暗時期。伐臘毘偏安一地，在真諦仍留在印度的學習時期，有德慧、堅慧、安慧等幾位大論師駐錫當地弘揚大乘佛學；在這些大師離去或殞落之後，伐臘毘的唯識佛學就趨於沒落了。

真諦離開印度大約一百年後，七世紀上半葉玄奘遊歷到伐臘毘時，聲聞部派的正量部已成為主流的佛教勢力。至於唯識學說的發展，重心完全落在東方的那爛陀寺，東系與西系唯識學的實力消長非常明顯。

商人與傳教士是能夠行路與雲遊最遠的兩類人物，前者為謀求超額的財富，後者為傳播救世的福音，傳教士往往依附商人而得航海遠行。古印度很早就與南海諸國建立起水路交通的連結，讓志趣不同的商人與傳教士可以同船共行，各自奔赴所期的目標。

真諦的志趣，是為佛法傳續盡自己最大的努力，海外興許有個合適的地方，可開拓一方佛教弘法事業。

真諦在中國譯出《攝大乘論》後，弟子慧愷所寫〈攝大乘論序〉透露些許信息指出，真諦是在深通佛學之後，希望到其他有緣國度弘揚佛法，開曉未知真理法門的眾多有情；他是全身心奉獻於佛教，因此不畏路程遙遠與艱辛。

印度大地需要佛教的弘道人，外邦異域更缺佛法的擺渡人，真諦毅然決然地踏上了譯經與弘法的渡海遠征之旅。

【註釋】

註一：現代佛教學術圈不太容易接受這種帶信仰性的說法。有人認為彌勒論師在歷史上或有其人，由他傳下這些瑜伽行派的早期經論；只是，他的生平事蹟成謎，已無由考證。另有學者主張，無著從前代繼承一些早期唯識經論，這些佛典不致橫空出現，應有其作者（不只一人），在不知其他人的情況下，統將其作者歸屬在彌勒的名義之下。此說可參見高崎直道：〈瑜伽行派の形成〉，收於平川彰等編集：《唯識思想》（東京：春秋社，一九八二），頁一至四二。

註二：「有相唯識學」指心識在起認識作用時，會在心識內部先變現出因緣和合的見分（認識主體）與相分（認識客體），而凡夫有情無法知悉這樣的心理認知機制，錯謬地以為是作為主體的心識（能取）在認識心外的客體（所取）。見分與相分還是心識內部因緣和合的假有存在，非屬虛無；而能取和所取是全然無中生有的虛妄構作，像龜毛、兔角那樣全不存在。「無相唯識學」則不承認心識會在內部現起見分與相分，在認識時是直接形成能取和所取的虛妄分別構作。十大論師之中，難陀、火辨主張見、相二分說，陳那再加「自證分」而為三分說，護法再加上「證自證分」成為四分說，以上均屬有相唯識學。安慧主張沒有見、相二分，為無相唯識學。

第二章　扶南弘教之旅

（梁武帝）勅直後張汜等，送扶南獻使返國，仍請名德三藏、大乘諸論、《雜華經》等。真諦遠聞行化，儀軌聖賢；搜選名匠，惠益民品。彼國乃屈真諦并齎經論，恭膺帝旨。

真諦法師離開印度以後的行蹤，中間有段過程全不見歷史文獻資料的記載。再度得知他的活動訊息是出現在扶南國（統治中心在今柬埔寨）弘傳佛教，並且得到當地國王的敬重。

真諦對於顯揚佛法抱持高度的理想，注重推廣經論法義的理解與實踐。對於自己所承唯識學說的傳授事業，自是竭力以赴。他會選擇到扶南，多少評估過這個國家具足某些合宜條件，能夠讓他實現弘教利生的菩薩行願。

扶南是當時南海地區最為強盛的國家，國王信仰印度宗教同時護持佛教，政治、文化與宗教各方面都帶著濃厚的印度文化色彩，真諦很容易適應這裡的文化生態與傳教生活；再者，扶南佛教界有學習印度佛教經典的需求。

扶南王國

扶南是中南半島上的一個印度化古國，王國的存續時間大約是在公元一世紀至六世紀。扶南曾經崛起為古代東南亞一個強大富庶的國家，極盛時期的領土涵蓋現在的柬埔寨全境、越南南部、泰國南部，並且延伸到馬來半島北部地區。氣候終年溫熱，農作物產豐饒，海上商貿往來暢旺。

扶南國的地理位置所在及其區域政經實力，就當時南海的貿易商旅而言，構成一個不易繞過的中途站，海上來往的船隻通常會在這裡補給物資與交易商品。扶南經常受到來自印度的商人與僧侶造訪，他們帶來印度洋沿岸的貨品，傳播了印度的宗教、文學與藝術。

真諦在印度的時候，可自航海貿易商人與宗教朝聖者口中聽聞到扶南佛教發展的種種情況。那裡有很多人信仰印度宗教與學習佛教，也有些人知道梵文，對印度前來的學問僧人張開雙手歡迎。真諦雲遊各地，尋找相應的弘法處所，覺得這是一個值得前去講經說法的地方，開始籌備扶南之行，打探開往該國的商船訊息，及尋求施主們的贊助。

扶南王國的政權建制深受印度政治文化的影響，某些歷史時期的王族更具有印度血緣關係。扶南王國的印度化情形非常顯著，印度文化元素被當地菁英階級所吸收，並與土著文化交織融合為一體。

這個國家的政治制度、社會倫理與宗教文化長期保持著與印度文明的連結。相傳公元一世紀時，有個名為「混填」的男子由神祇指引乘船前來此地，降伏部落女主，娶她為妻子，而後統領該國，依照印度文化建立政治制度。混填可能來自印度，或是受到印度文化濡染的馬來半島某地。他們生了七個兒子，分封到全國各地，仿效封建制度。

西元三七五年，又有個名為「竺旃檀」的人自立為扶南國王；由「竺」這個姓氏推斷，他應當具有印度血統。

四世紀末葉到七世紀初葉，為扶南歷史上的憍陳如王朝。來自天竺的婆羅門種姓人士憍陳如，利用神諭獲得民眾熱烈擁戴為王，改行印度制度禮法，傳承數代。

在扶南國，政治與宗教是共生的。其宗教文化呈現多宗教的兼容樣態，以婆羅門教的天神崇拜為主，統治權力與社會倫常須要仰仗印度神教的信仰與風教加以維繫。同時，佛教頗為通行，可提供精神面與福德面的追求管道，以及透過教義傳播來輔翼政治的教化。另外，也含融了本地固有的民俗信仰，結合在日常生活中的觀念與行事。

扶南國王依憑婆羅門教摩醯首羅天（大自在天）的神權信仰來維護其統治權威，將自己塑造成天神的代理人；國內的法制、習俗對印度宗教禮俗多所參照。國王將婆羅門教視為國教的同時，也信仰佛教，禮拜佛陀，恭敬僧人，大乘佛教盛行，聲聞佛教兼存。扶南的宗教信仰形態多元和諧，婆羅門教與佛教得以交融互補。

置身在這樣的政治與宗教文化氛圍裡，真諦心中有一種熟悉感與親切感。扶南文化有賴印度文化補給養料，印度前來此地的僧人受到尊崇，當地人民認為這些外來僧侶具有良好的佛教學養及某種超凡的宗教能力；像真諦這種深通內外典籍的宗教大師，更能獲得來自社會高層與知識分子的敬仰。

當時的扶南國王留陀跋摩（Rudravarman）非常敬重真諦法師，樂於向他提供豐厚的供養。除了敬拜天神，他虔誠地恭敬與供養三寶，期望多累積福報，祈求人生平安順適，死後轉生人天善處。在一些國家策略的擬定方面，有時會諮詢真諦法師的意見；他們相信有學問的僧人是具足世間與出世智慧的，況且真諦又嫻熟印度的傳統聖典。

留陀跋摩王在西元五一四年為了爭奪王位而殺死了自己的弟弟。即使爭取到這個王位，其合法性一直存在著爭議；雖擁有權力，心裡卻不踏實，憂愁恐懼不斷。在他年紀老邁之時，王室子弟們開始為了王位繼承問題而製造了一些紛亂。他透過祭祀天神與敬奉佛教，祈願國家與他的家族能夠平安富樂，同時尋求個人心理的贖罪與安寧；他向真諦法師叩問宇宙人生的終極真理，及獲致今生來世安樂的宗教法門。

除了與印度文化的緊密連結，扶南並與中國這個東方大國維持著穩定良好的外交往來關係，及輸入中國的精緻商品；國王多次向中國派出朝貢使團，獻上本地的珍稀物產。扶南文化散發著印度與中國這兩大古代文明在東南亞地區互相遭遇與交流的綜合氣息。

真諦停留在扶南的時候，聽人提起過該國最近一次向梁朝獻貢是在西元五三九年，使者不只獻上珍稀物產，還帶去一頭活生生的犀牛。扶南國王為了張羅向中國獻貢的特色物品，可說費了許多心思，還要排除運送方面的各種困難。

扶南佛教圈中常有人讚歎中國的佛教繁興，以及梁武帝的虔誠奉佛事蹟。

如果不是因為梁朝佛教隆盛的聲名遠播，使真諦對前往中國弘傳佛法保有美好的想像，他日後不至於那麼容易答應扶南國王擔當護經大任，離開這個他業已適應生活並且建立弘教基礎的印度化國家。不料，到了中國，沒多久就兵禍連年，法運阻塞，佛典傳譯處境窘迫。

不過，就在真諦離開扶南之際，這個國家似乎陷入了某種騷動狀態。扶南北邊屬國真臘的拔婆跋摩一世在西元五五〇年左右即位，發動了兼併扶南的戰爭；在這之前，扶南國內已因留陀跋摩王過世的繼位問題而發生內訌。這位在真諦停留扶南期間護持他的留陀跋摩王逝世於西元五四五年左右。真諦是在梁武帝中大同元年（西元五四六年）抵達中國南海郡，來華的時間點與扶南動亂有些巧合。

真諦的出生地優禪尼及可能學佛地伐臘毘都位於印度西部，由印度前往扶南必須行走海路。伐臘毘屬於梅特拉迦王朝，其東方分國摩臘婆的南方就有個著名海港布羅奇（Broach，今 Bharuch），由此往西可通航波斯、羅馬，並依靠季風運來遠東的香料和絲綢。

若再繼續向南行還有索帕拉（Sopara），也是古代重要的商貿海港城鎮，可來往西方諸國、西南亞、斯里蘭卡等地。這裡同時是佛教興盛之地；錫蘭的《大史》（Mahāvaṃsa）記載，其第一任國王就是從索帕拉航海過去的。

如果願意橫越印度大陸前往東海岸的港口，會有船隻向南駛往斯里蘭卡，或向東前去東南亞。中國求法高僧法顯與義淨，都是利用恆河口的摩梨帝（Tāmralipti，又譯作耽摩立底）作為進出口岸。

真諦究竟從何處出海，途經哪些地方，已經無從得知，只能試著就幾處海港的交通網絡來探索；其中，以布羅奇港最具地緣關係。由這個港口向南航行，能通到師子國（今斯里蘭卡），這是個歷史悠久的佛教國度。

孔雀王朝的阿育王在即位前曾經鎮守過優禪尼，在那裡生下一雙兒女。他們後來出家成為佛門長老，將上座部佛教的一支傳播到錫蘭島上。如果途經錫蘭（即師子國），真諦應該會有很高的意願巡禮島上佛教聖蹟及體驗其佛教盛況。再從師子國的海港出發，向東遠航，便可到達南海諸國。

真諦從印度到扶南的海上旅程，並無任何文獻資料可提供報導，只能依據其他人士的航海經驗來想像其間的甘苦。

古代從印度搭乘海船經由現今東南亞一帶，再前行到中國南方的港口，是趟長途艱辛的旅程。

六朝時期，印度到中國的一般航路，自印度東岸海港出發的船隻橫渡孟加拉灣，或從斯里蘭卡穿越印度洋，到達馬來半島，然後通過麻六甲海峽；在馬來半島各處港口可以補給食物和淡水，再橫越暹羅灣，可停靠於湄公河三角洲的扶南港口俄厄（Oc Eo），也有選擇再停靠越南中部的林邑（占婆），而後抵達終點站今日的廣州，或更向前行駛到福建海港。西元七世紀以後，南海到中國的航路改變，俄厄就趨於沒落。

從印度路經扶南前來中國之航海路線的一個具體個案，在北魏楊衒之所著《洛陽伽藍記．卷四》記載，南印度歌營國（於今南印度 Coimbatore）有僧人善提拔陀，自稱北行一個月到勾稚國（於今馬來半島西岸），再北行十一天到孫典國（於今緬甸 Tenasserim 一帶），從孫典國北行三十日至扶南國，從扶南向北行一個月到林邑國（於今越南順化等地），最後從林邑國出發來到梁朝。就這個例子而言，扶南離南印度約七十天航程，到中國約需一個多月時間。

善提拔陀在其記憶中，似乎對扶南國的印象較為深刻。他特別說到，扶南國地方五千里，在南海諸國當中特為強大，人民眾多。當地出產明珠、黃金、玉石和水精等奇珍異寶，盛產檳榔。真諦在印度應該也聽過航海商人或佛教僧侶對扶南風光如此侃侃而談。

當時船隻仰賴風帆為主要動力來源，海上長途航行的起程時日與目標航向取決於季節轉換的信風吹向。航海旅程能否順利，有賴船長的豐富經驗與機智判斷，還有全體乘客的共同運勢，時而遭遇喪失生命財產的不測事件。

在真諦之前約一百年，據《高僧法顯傳》所記錄的航海旅行經驗，法顯經由海路自印度歸返中國，先從恆河口的港灣乘船往師子國，巡禮佛教聖蹟。自師子國的海港出發後，剛出航兩天便遇上大風暴，船破進水，情況危急，大家只好將粗重財貨盡往海裡丟棄。在大風大浪當中整整十三天才漂流到一處島邊，設法塞補船身漏洞，才得以繼續航行。除了無法預測的狂風暴雨，海上不時有海盜出沒，不幸遇到可能身家性命難以保全。

大海溟茫不見邊際，不易分出東西方位，只能依靠日、月、星辰而辨識前行方向。星象是在古代航海技術中辨別方位的重要憑藉。根據東晉道士葛洪的《太清金液神丹經》所言，從日南的壽靈浦（今越南沱瀼）出海往南行駛，逆著北辰，朝著箕星（即二十八星宿的箕宿）方向前行，大約十餘日可抵達扶南。這應指航行順利而無中間波折的情況。

古時可搭載二、三百人的大型商船，到了大海之中猶如一葉扁舟，在海上航行面對洪峰巨浪。唐代義淨在《大唐西域求法高僧傳》以海洋文學的筆觸描寫他從廣州到室利佛逝（Sri Vijaya，今印尼蘇門答臘的巨港）之間航程的所見：「長截洪溟，似山之濤橫海；斜通巨壑，如雲之浪滔天。」將大海形容為洪溟、巨壑，浪濤高聳如山、似雲，可見其壯觀凶險；幸而當時已有良好的航海技術，可幫助海上來往船隻平安渡越艱難海象。

橫渡大海前往遠方他國，無論路途會是何等艱辛，可能遭遇什麼危險，都阻擋不了真諦傳播佛法的堅毅決心；況且，他堅定地相信會有三寶的神聖力量在背後守護著一心弘法的佛子。

真諦從印度到扶南的這趟海上旅程，不知是平安順利，還是波濤洶湧，他攜帶著佛像與經書，念茲在茲的只是對佛法能在扶南順利弘通的期盼。他帶來了許多唯識佛學的貝葉典籍，希望將深妙的佛法真理傳授給異域的有緣人。

中國前往印度訪學的多位僧人選擇室利佛逝作為中繼站，但途經扶南的只見一例明確記載。義淨提及，益州成都人義朗律師等三人從烏雷港（於今廣西欽州）出海，歷經扶南、郎迦戍（於今馬來半島上），抵達師子洲參禮佛牙，最後前去印度。（《大唐西域求法高僧傳．卷上》）真諦所走的海上道途，或許就是這條航海路線的翻轉。

真諦在前往扶南的中途，很有可能經過棱伽修國（Langkasuka，又譯作狼牙修、郎迦戍）。真諦本傳述說他在中國福建譯講佛典，曾經因為聽法眾人道心不足，讓他不禁思考其他的有緣國土，興起乘船遠去棱伽修的想法。經過道俗諸人的懇切慰留，發起誓願好好修學，他才繼續留下來。

棱伽修也是一個印度化古國，《梁書．狼牙修國》說該國人自稱到梁代時已立國四百年，可謂馬來半島上非常古老的國家。這個國家在梁武帝天監十四年（西元五一五年）開始有向中國朝貢的記載。其使者上表的國書內容盛讚梁朝佛法興隆，武帝以正法化世，深受百姓愛戴，人民眾多，安和樂利。棱伽修應是印度教與佛教並行，而且佛教有某種程度的盛行，否則真諦不會心想到該國去。

不難想像，真諦所搭乘的大型商船橫越了印度洋，在海上免不了經歷一些風浪顛簸，中途在某個地方停留以便補給；然後穿過麻六甲海峽，停靠在狼牙修國的港口。真諦上岸滯留了一些時日，留下對這個國家的某些印象；再繼續乘船往扶南去。

漢文佛教史籍記載，南北朝時印度來華僧人多有轉經扶南的，還有幾位扶南僧人來到中國譯經與弘法；對比之下，義淨所記唐時中國求法僧人偏向取道室利佛逝前去印度。其中隱含了七世紀航海路線的改變及扶南的政權變動等玄機。

大約四世紀起，來自蘇門答臘等地區港口的商人開始繞過扶南，將當地出產的香料直接運向中國。縱使航行中途需要進港停泊整備，也傾向不選擇扶南海港，而停靠越南東海岸的港口。在中國購得的商品運回到本國，再通過他們在巽他海峽（Sunda Strait，位於印尼蘇門答臘與爪哇之間的狹窄水道）的轉運站，將商品輸往西方市場。這是一個緩慢的轉換過程，到了五世紀，雖有部分商船仍習慣停泊扶南，但異他海峽一帶的口岸已成停靠首選。（註一）室利佛逝是七世紀中葉在巽他群島興起的一個信奉大乘佛教的海上強國。

另有一個重要原因涉及政治因素，如法國學者賽代斯所著的《東南亞的印度化國家》指出：「七世紀初葉，過去五個世紀中曾在南海占統治地位的強國——扶南衰落了，這就為後來由於（室利佛逝）占據了蘇門答臘可以控制印度與中國之間貿易的許多大小港灣而出現的航海業的發展留下了一塊自由的地盤。」這時，扶南遭到真臘併吞，其港口因航海路線與政權改變的影響而迅速沒落。政治權力轉移與帝王宗教取向，可能使佛教在一地的發展態勢呈現今非昔比的大幅變化。

真諦選擇落腳扶南，除了個人的弘法意志，冥冥之中存在著各種因緣的推動力量，須從各個時期的政治與宗教文化環境、南海諸國的海上交通路線等諸多變數綜合來考量。總之，六世紀時的扶南對真諦而言是一個相對合適於佛法弘傳的國家。真諦遊歷到扶南，加上扶南與中國的友好關係，而有後來的漢地弘經之旅。

扶南佛教

真諦在扶南弘宣佛法的時候，對當地宗教文化環境相當適應。扶南是個適合傳播印度佛教的國度；然而，對於精深佛教義理的教學——像是複雜深奧的唯識經論——而言，雖具備基本條件但不是那麼理想，這點令真諦感到有點遺憾。

扶南的佛教信仰情形，大多數教徒傾向宗教敬拜的形式，聽信一些簡單的因果善行教義。部分佛教菁英對教理研究有所興趣，而較想聽聞有關般若空義、法界清淨及大乘菩薩行法的經典。至於部派佛教，大抵以正量部為主，兼及說一切有部學說。無論如何，真諦感受到來自國王和佛教界對自己的尊重，仍抱持喜悅之心教授當地人士所喜愛的佛典。

扶南人所崇信的印度天神，屬於濕婆教一派，是印度宗教的梵天（Brahman）、毘濕奴（Viṣṇu）和濕婆（Śiva）三大主神系統之一。濕婆的信奉者將這位神祇視為最高的存在，也稱之為摩訶提婆（Mahādeva，偉大天神）、摩醯首羅（Maheśvara，大自在天）等。關於這尊天神在扶南國的形象示現，如《梁書．扶南國》所說：「俗事天神，天神以銅為像，二面者四手，四面者八手。手各有所持，或小兒，或鳥獸，或日月。」

在印度本土，婆羅門教在朝向印度教轉型的過程中，宗教萬神殿的神祇之間發生某種程度的交融現象；比如說，將毘濕奴與濕婆視為同一神明的不同示現。再者，婆羅門教攝取了佛教的思想與信仰內涵，甚至將佛陀視為毘濕奴的十個化身之一。佛教也吸收了印度宗教的許多成分。

隨著宗教的交流與融合，印度宗教的不同教派之間、印度教與佛教之間，自然不再那麼涇渭分明；只是，不免有人會站在某一宗教的本位主義立場，排斥其他宗教。宗教之間在信仰與教義上容或存在各自的特色，亦有可融通的層面，宜應相互尊重與交流，求同存異。當印度宗教傳播到異域的印度化國家，這種信仰融合的包容力或許更大，對同樣來自印度的宗教都採取敬重與受容的態度。

人世起起伏伏，在真諦離開扶南之後不久，此國便遭受來自北邊真臘的長期武力進逼，逐步蠶食。真臘國王的宗教政策，打破原本印度教與佛教的和諧共處生態，有意抬高印度教而壓迫佛教。世事難料，無法盡合人意；當時人在中國的真諦聽到這個不幸消息時，應該感慨萬千。扶南國仍有許多故人，但他知道時過境遷，那裡已不再是塊弘揚佛教的合適土地。

義淨曾經說到扶南國激烈改朝換代以後的宗教政策轉向：「跋南國，過去稱為扶南，原先不穿衣服，人民多信奉天神，後來佛法盛行流通。現在出現惡王將佛教消滅，已無僧眾，外道雜居。」（《南海寄歸內法傳．卷一》）在義淨的時代之前，出現某個殘暴國王大肆破壞佛教，僧眾消失殆盡，只見外教徒雜居。

真諦離開扶南後相隔沒有幾年，崛起於扶南北邊，原為其屬國的真臘，第一代國王拔婆跋摩（Bhadravarman I）於六世紀中葉發動對扶南的戰爭，扶南抵禦不了，節節敗退。其弟繼位後持續對扶南強力用兵；到拔婆跋摩之子伊奢那跋摩（Isanavarman I）繼任為第三代國王，於七世紀上半葉徹底兼併了扶南。

義淨是在七世紀後半葉才出發前去印度求法，已是扶南被真臘併吞之後的時代。拔婆跋摩在征戰期間特別尊奉婆羅門教，喜好殺生血祭，甚至殺人作為祭品，對佛教採取壓制政策。（註二）義淨所說的惡王大概就是指這個國王。這時佛教僧人往來印度，已避開真臘，而以新崛起並對佛教友善的室利佛逝作為中繼站。

扶南人可以同時信奉印度教與佛教，但主要宗教祭祀活動多依印度宗教儀法，殺害生靈祭拜神明是很平常見到的事情。大部分扶南人民把佛教也當成一種敬拜神明的宗教，他們希望透過佛教信仰儀式來祈福消災。

真諦在扶南國弘傳佛教法義，總覺得此地的佛教太偏重信仰形式，教理層面仍有待開化引導，以使佛教正法進入人心。這是他能夠積極貢獻的部分，也是此行弘教的意義所在；不論佛教文化環境的條件如何，他依然想與當地佛教界有識之士共同努力，以提升扶南佛教的精神內涵。

真諦對扶南佛教前輩前去中國傳譯佛典的事蹟時有所聞。前往中國，一方面可尋找更好的傳播佛法機緣，拓展覺悟他人的菩薩行功德；另一方面，能與漢地的佛門同道切磋經論義理，互相促進佛法領會。

印度僧人經由扶南來到中國的最早記載可見《（梁）高僧傳．耆域傳》，其提及西晉惠帝時有印度僧人耆域從天竺出發，抵達扶南；然後歷遊幾個國家，而來到中國的交廣，最後抵達洛陽；這位僧人多有神異靈通表現。這個時間點的扶南屬於范氏王朝時期（三世紀初葉到四世紀中葉）。

《南齊書．東南夷傳》記載，印度僧人釋那伽仙在廣州依附商船想去扶南，在海上遭遇風暴漂流到林邑國，當地國王鳩酬羅劫奪扶南國的貿易財貨與那伽仙的私財。那伽仙走偏僻小徑終於逃到扶南，向當時的國王闍耶跋摩稟告此事，及講述中國的仁政德化、佛法大興、各國歸向。闍耶跋摩王聽了以後頗為動容。

那伽仙後來在南齊永明二年（西元四八四年）代表扶南國王憍陳如闍耶跋摩（約西元四七〇至五一四在位）前來中國朝廷上表與進貢；在京城報告扶南國風俗事奉摩醯首羅天神，神明時常降臨於摩耽山。上書內容表明扶南國王遵信大乘佛法（《南齊書．東南夷傳》）：

菩薩行忍慈，本跡起凡基。一發菩提心，二乘非所期。歷生積功業，六度行大悲。勇猛超劫數，財命捨無遺。生死不為厭，六道化有緣。具修於十地，遺果度人天。功業既已定，行滿登正覺。萬善智圓備，惠日照塵俗，眾生感緣應，隨機授法藥。佛化遍十方，無不蒙濟擢。皇帝聖弘道，興降於三寶。垂心覽萬機，威恩振八表。國土及城邑，仁風化清皎。

這篇充滿大乘佛教宣言的奏書或許由那伽仙代擬，而獲得扶南國王認可。此事反映扶南國王對印度僧人的尊敬與委重。

這件事情發生在真諦來到扶南的五、六十年前，闍耶跋摩是扶南的前任國王。真諦有時候會聽聞耆老提起此事：林邑王是從扶南逃過去的人，名叫鳩酬羅，與闍耶跋摩王有嚴重過節，卻能靠著謀略當上那裡的國王。闍耶跋摩王委派那伽仙去南齊朝獻，有意聯合中國攻打林邑；只是齊朝方面虛與委蛇，肯定扶南王的忠誠，託辭皇朝興起不久，宜以文德服人，不想動用干戈。

真諦法師從扶南佛教圈了解到中國佛法盛行，有佛經漢譯的需求，特別是漢地所缺乏的經典與論書。扶南有幾位通曉梵文佛典的優秀僧人因此渡海到中國去，以便尋求更好的弘法機遇。

梁武帝剛即位不久（西元五〇三年），有位法號叫作曼陀羅的僧人從扶南攜帶了許多梵本經書前去呈獻給中國朝廷。曼陀羅在梁朝受到禮遇，還翻譯了幾部經典。扶南國保存了不少梵文佛典，這可是珍貴的佛法寶藏。

扶南國還有位自幼出家、研究有部阿毘達磨與戒律典籍相當著名的法師，修行尤其精進，法號叫作僧伽婆羅。他非常注重一部名為《解脫道論》的修行典籍；另外，經常講說《阿育王經》。他得知中國佛教法運昌隆，早在齊朝之時就乘船過去了。據說，僧伽婆羅到中國後又拜某位精通法義的西域僧人為師，跟隨他研修大乘經典。僧伽婆羅奉梁武帝的命令翻譯出不少經典，譯經所用底本正是曼陀羅獻上的梵本。

還有一位扶南沙門須菩提也在規畫前往中國。他經常讀誦一部重要大乘佛典《寶雲經》，希望到中國弘揚這部經典；這部經典篇幅不小，是一部詳細指導各種大乘菩薩道修行方法的寶典。

扶南僧人帶到中國的佛教經論是有其義理特色的。扶南國通行的大乘佛典雖然是從印度傳來的，為了在本地容易流通，傳布者會考慮到適應性而有所擇取。扶南所流通的某些大乘佛典有一種特殊思想傾向，亦即將般若空義與清淨法界融通起來。真諦所傳述的唯識學說也表現出類似傾向，在虛妄唯識論的基礎上，還嘗試會通真常佛性的觀念。

真諦深刻覺知唯識學說在教理解明上的優越功效，他也肯認佛性思想對於信解無上菩提的啟悟作用；他堅持傳揚這種精深的體系性教理，幫助學佛者較快開發智慧潛能。然而，前來禮敬請法的扶南善男信女，大多想聽聞一些功利性的人天善法，少數願意深入研究佛典的人則對唯識教理非常陌生。真諦經常思惟，如何才能將唯識佛學較有力地推廣出去。

真諦努力想譯介到中國的唯識思想，其實很適合中國人的佛理學習趣味；只是唯識教理在梁陳時代還算是一種佛法新思潮，中國佛教界需要一點時間來理解與消化。到了後世，漢地多數人將玄奘所傳的唯識學視為正宗，無形中排擠了真諦所譯的唯識佛典。關於這點，留待以後再說明。

中扶交流

扶南在三世紀時發展成中南半島上最強大的國家，並且占有海上絲路的交通要衝。相傳三國時代東吳孫權曾派遣官員朱應、康泰出使扶南，這是歷史文獻中首次見到中國派遣使者與南海諸國交往的重要事件。其後，扶南與中國繼續維持良好關係，直到七世紀被真臘併吞為止。自東漢到陳代，扶南遣使到中國獻貢計有二十多次，是古代東南亞國家當中與中國外交往還最為頻繁者。

扶南國在梁武帝時代，從天監二年（西元五〇三年）到大同五年（西元五三九年）的三十餘年之間，一共派遣使者進獻貢品九次。天監三年五月，朝廷還敕封扶南國王憍陳如闍耶跋摩為安南將軍。扶南王國與中國朝廷當時的友好關係由此可見一斑。

真諦聽說，當前這位留陀跋摩王即位後向梁武帝派遣貢使前後有五次之多，尤其近十幾年來每隔四、五年就派遣一次獻貢使團；貢品除了珠寶、香料等珍稀物產外，還曾經獻過印度雕刻的檀木佛像；此外，扶南也曾經向中國求請佛像與經論。有時，獻貢使者會延請印度人充當，他們比較知悉如何應對相關事宜。

扶南向梁朝進獻的貢品，《南史・扶南國》對其內容交代了一些細節：

（天監）十年、十三年，跋摩累遣使貢獻，其年死。庶子留陀跋摩殺其嫡弟自立。十六年，遣使竺當抱老奉表貢獻。十八年，復遣使送天竺旃檀瑞像、婆羅樹葉；並獻火齊珠，郁金、蘇合等香。普通元年、中大通二年、大同元年，累遣使獻方物。五年，復遣使獻生犀。又言其國有佛髮，長一丈二尺，詔遣沙門釋雲寶隨使往迎之。

特別值得注意者是大同五年的這次進貢，扶南國使提及該國擁有珍貴的佛髮舍利，虔信佛教的武帝極為關注，於是下詔指派釋雲寶隨同扶南使者前往迎請。

整件事情的來龍去脈，要從梁武帝在大同三年（西元五三七年）重修阿育王塔發現佛舍利的事件說起。《梁書．扶南國》說：「此事之前，（大同）三年八月，高祖改造阿育王寺佛塔，取出舊塔下面的舍利及佛爪髮。頭髮青帶紅色，僧眾們以手伸展它，會隨順手的長度，放開則成捲曲形。按《僧伽經》說：『佛的頭髮青色而細，猶如蓮藕莖的絲。』《佛三昧經》說：『我過去在宮中洗頭，用尺量頭髮，長一丈二尺，放開後向右旋繞。』則與高祖所得者相同。」

阿育王塔下所埋藏的佛陀舍利，可說是佛教界至為神聖的寶物；武帝為重修佛塔而使其再現世人目光之前，何等榮幸！不知道是扶南真有佛髮舍利，還是使者投武帝所好，無論如何，這件事啟動了真諦來華的殊勝因緣。

有關中國阿育王塔的傳說，《佛祖統紀．卷三十三》根據《阿育王傳》說：「佛陀滅度後一百年，阿育王取出佛陀舍利，夜晚役使鬼神將七寶打碎，建造八萬四千座佛塔。尊者耶舍從手指放出八萬四千道光明，讓羽飛鬼們各隨一道光明照盡處建立一座塔，於一天當中遍及南贍部洲。在震旦國有一十九座。」武帝所開啟者是位於建康（今江蘇南京）的長干寺塔。佛教徒相信，這些佛塔所供奉的佛舍利，是由印度護持佛法的偉大聖主阿育王藉其功德力感通鬼神所建造與埋藏。

至於佛陀爪髮舍利塔的淵源，《佛本行集經．二商奉食品》述說，佛陀於菩提樹下成道後，在前往鹿野苑度化五比丘的路上，遇到以提謂、波利為首的一個商隊，他們供養佛陀，釋尊為他們說法，授與三歸五戒；他們又向佛陀請求紀念物，以便回鄉後建塔禮拜，佛陀就賜與身上的一些指甲和頭髮。

現今位於緬甸仰光的大金塔，據說興建的時代是在西元前六世紀的佛世時期；塔中所供奉的佛髮舍利，相傳是由兩位商人（孟族兄弟）從印度帶回緬甸的，連結到提謂與波利的故事。東南亞佛教徒對佛髮舍利塔的故事應當有所耳聞。

還有《十誦律．卷五十六》提到給孤獨長者向佛陀說：「世尊遊行各國時，我因見不到世尊，會非常思慕，希望賜與一物，我將予以供養。」佛陀就賜與爪髮而說：「您應當供養這爪髮。」長者立即回應佛陀說：「世尊！希望允許我建造髮塔和爪塔。」佛陀說：「允許建造髮塔和爪塔。」這是起塔法的緣由。

這種爪髮舍利是佛陀生前由其身上取得，有別於佛陀圓寂後荼毗（火葬）所餘的遺骨舍利。阿育王是匯集印度各處所埋藏的佛陀舍利，再分為八萬四千份普於各地建塔供養。

虔信奉佛的梁武帝當然對佛髮舍利極感興趣，這是可遇不可求的聖物，他罕見地主動積極派人前往遠在海外的扶南；既然派人去了，一併迎請佛教經書與三藏高僧，如此三寶就俱全了。

當梁朝使者到了扶南，表明迎請佛髮舍利及經書和高僧的來意以後，扶南國王感到非常困擾，要去哪裡找一丈二尺的佛髮舍利？召集群臣商議以後，只好儘量找些佛髮與其他佛舍利，讓梁朝使者先湊合著帶回去覆命。至於經書，因為非常珍貴，扶南也要保藏，必須重新用貝葉抄寫副本，需要一段時日籌辦，再延請通達經論的高僧護送過去。梁朝使者不很滿意，但眼下也無可奈何。

扶南國開始蒐集與製作貝葉經書，準備得差不多了，須要找到一位夠格的高僧護送過去；留陀跋摩王想來想去，真諦法師應是最合適的人選。只是，讓如此優秀的法師到中國去，他實在感到不捨。左右為難之下，先探問一下真諦法師本人的意思看看。

真諦客氣地推辭幾次，最終同意了。他久聞梁武帝的聲名，早就對中國的佛教文化環境有所傾心，到中國應當能夠大弘佛法，這是很特別的機緣。扶南於是尋找對中國路途比較熟悉的嚮導，及安排協助運送經書的人手，找好船隻，一切準備就緒，只待季風吹起，便可啟程。

如此龐多沉重的貝葉佛經典籍要運往中國，必須動員許多的財力和人力，扶南國王的實力護持是個莫大的善緣。曾在廣州隨真諦學習論典的智愷（慧愷）於〈大乘起信論序〉說：「那時，扶南國王前來央請，法師多次謝絕，推辭不了，於是就搭乘海船，與瞿曇及多名隨從，一起護送蘇合香、佛像前來朝貢。」跟隨真諦前來中國的有侍者與多位隨從，除了經論梵本以外，還送來了佛像、蘇合香等貢品。

真諦願意到中國，或許還與他在扶南弘法的某種局限不無關係。扶南人對真諦很敬重，當地佛教也通行，使真諦獲得教授佛典的機會；儘管如此，扶南的文化開發程度與中國相比尚有一段距離。就佛教信仰形式而言，扶南人多半傾向於祭祀求福的心態，想研習精深佛法者並不如想像中多，唯識經論更是少人問津。

真諦一心一意想要傳授佛典義理，特別是唯識佛學。對於他這種博通經論的傑出法師而言，扶南佛教文化的發展層次，使他展現佛法學養的空間遭受到不小幅度的壓縮。扶南國三位通曉梵語的學問僧，於南朝時代相繼前去中國譯經，多少說明他們看到在中國有更寬廣的弘法願景。

真諦能帶來如此大量的貝葉佛教經論，應是扶南國王與他共同蒐集和籌辦的厚禮；這些送往中國的梵文佛教典籍之中，唯識一類論書想必是他從印度攜來扶南的。佛教典籍珍貴稀有，不輕易外流他國，如此多量佛典的蒐羅與副本抄寫的準備工作，必然耗費相當時日。這項籌備問題多少幫助解釋，何以梁武帝在西元五三九年派員往扶南求請三寶聖物，真諦要到數年後才得以成行。

《歷代三寶紀》記載，真諦帶到中國的外國佛教經論都是貝葉書籍，數量總共有二百四十縛（捆）；如果依照漢地紙墨翻譯書寫，應會達到二萬餘卷之多。他在陳代真正漢譯出來的部分，不過是這批貝葉典籍當中的幾縛，就已經得到二百多卷；如果包含梁代所譯，則將近三百卷。

真諦帶來的梵本經書中包含《華嚴》、《涅槃》、《金光明》等經，除了部分帶到建康，最後多數存放於嶺南廣州的制旨、王園二處寺院。《歷代三寶紀》的編撰者費長房呼籲有志弘法之士能發心共同尋找，使法燈的照明不致隱沒其光輝於海角一隅。

【註釋】

註一：梁志明等主編：《東南亞古代史》（北京：北京大學出版社，二〇一三），頁一五一。

註二：《隋書．真臘國》記述真臘的宗教慣習：「每五六月中，毒氣流行，即以白豬、白牛、白羊於城西門外祠之。……近都有陵伽鉢婆山，上有神祠，每以兵五千人守衛之。城東有神名婆多利，祭用人肉；其王年別殺人，以夜祀禱，亦有守衛者千人，其敬鬼如此。多奉佛法，尤信道士，佛及道士並立像於館。」真臘王朝的宗教信仰概況應仍是婆羅門教與佛教共存，同樣建廟奉祀神像，印度宗教的鬼神崇拜顯然占有較大優勢，而佛教的形式大抵已是大乘密教傾向。《續高僧傳．卷四》記載中印度僧人那提曾在師子國及包括真臘在內的南海諸國遊歷弘法，受人欽敬。聽聞中國大乘佛法興盛，唐高宗永徽六年（西元六五五年）前來譯經與弘教。他譯出《八曼荼羅》、《禮佛法》、《阿吒那智》等三經，偏向密教經咒。他後來受到真臘國「合國宗師」的禮請，假藉採藥理由經中國朝廷同意後前往真臘，一去未返。（《大正藏》冊五〇，頁四五八下至四五九上。）

第三章　面見梁皇聖主

以太清二年閏八月，始屆京邑。武皇面申頂禮，於寶雲殿竭誠供養。諦欲傳翻經教，不羨秦時，更出新文，有逾齊日。

梁武帝在大同五年（西元五三九年）聽聞扶南獻貢使者說到該國保藏有佛髮舍利後，即派遣釋雲寶等人隨同使者返國以迎請佛髮舍利，及佛教經論與三藏高僧。數年後，真諦法師接受扶南國王委託這個重任，於中大同元年（西元五四六年）八月攜帶大批梵文經書抵達南海郡（今廣東廣州）。

真諦來到中國的這一年，梁朝都城發生一些變異之事。三月，武帝幸臨同泰寺舉辦無遮大會，講說《三慧經》，並實行捨身；四月，皇太子率領百官贖回武帝。武帝又於同泰寺講經，舉行法會，大赦天下，改新年號。當天晚上，同泰寺就發生大火，燒毀佛塔。六月，滿天出現巨大聲響，好像風雨相擊的聲音，有點天地示警的意味。相傳神僧寶誌早在天監年間（西元五〇二年至五一九年）就留下讖詩預言此年的城北火災。

真諦上岸之後，沿途走走停停，直到兩年後的太清二年（西元五四八年）閏八月（應為閏七月）才來到梁朝京城建康（今江蘇南京），面見梁武帝及受其禮敬，安排在寶雲殿供養。

真諦從扶南乘船來到中國後，改走陸路前往都城建康。在南海郡可能停留了一段時日，認識到一些官員與學佛人士，了解梁朝的情況，並開始學習漢語。其後，一行人從今天的廣州北行到達始興（今廣東韶關），這是位於南嶺山脈南麓的一個山城，控制著廣東到江西之間的交通要道。

越過南嶺就進入現今的江西境內，然後再穿越大庾嶺，抵達南康郡（今江西贛州）。真諦和其隨行人員帶著沉重的貝葉經書，從這裡可利用贛水往北到豫章（今江西南昌）。真諦等人在豫章又停留了一段稍長時日，再認識了一些人士，隨緣講說佛法，大家都對這個來自天竺的學問僧人留下特殊的印象。

豫章坐落於鄱陽湖畔，藉由水路可通向湓城（今江西九江），在那裡連結長江，再從長江順流而下，到達目的地建康。（註一）真諦他們到了建康以後，覓得安頓的地方，隨即向朝廷通報，就等著梁廷皇上的接見。

一路上，真諦等人觀察中國的風土人情，感受佛教的發展盛況，學習漢語，隨緣說法，也探聽一些當前政治情勢的消息。江南的秀麗風景，正如晚唐詩人杜牧〈江南春〉絕句的意象描寫：「千里鶯啼綠映紅，水村山郭酒旗風；南朝四百八十寺，多少樓臺煙雨中。」

寶雲僧省

真諦到達梁朝都城建康，想必是由來自其印度家鄉的月婆首那負責接待。月婆首那本是中天竺優禪尼國王子，在東魏時代來華。他精通佛經義理，已能掌握漢語，曾翻譯《僧伽吒經》等三部經典。在北齊時原本想要還鄉，聽聞梁朝佛法氣運興旺，因而南來，受請留居梁地；他於大同四年（西元五三八年）譯出《大乘頂王經》，武帝又下詔任命他總管與外國使節往還的事務。

異地遇到同鄉人，又同是佛法中人，真諦感到很親切；他們還能用印度語言相談，意思溝通全然無礙，好久未曾有過這種暢快感。他們說起家鄉及各國遊歷的事，也互相交流各自所專長的佛法。對月婆首那而言，唯識學說有些創新觀點，需要一點時間來理解。

月婆首那欣喜地告訴真諦，今年六月時有位于闐國僧人求那跋陀帶來一部《勝天王般若經》梵本，他極力向對方求請，發願漢譯此經與弘講；求那跋陀看他誠意十足，便將梵本相贈。月婆首那說，屆時兩人或許可以合力翻譯這部經典。月婆首那譯經這件事情，後來因侯景之亂而延宕到陳朝。

真諦在排定的日子進入台城（皇城），於宮殿中獲得梁武帝的熱誠接見。武帝非常具有帝王威嚴，同時是位虔誠的佛教行者，能夠放下高高在上的身段，向真諦這位遠來法師頂禮。然後，親切和藹地相互問候，詢問身心是否順適，他對於真諦願意前來中國表示謝忱，慰問這一路上的辛勞。

武帝覺察到，這位印度法師堅毅、嚴肅而有風骨，佛學相當通達，全心全意想著弘揚佛法。真諦則認為，這位中國皇帝虔誠之中帶著一股傲氣，對了知佛典教理與推行佛教事業具有高度的理想與熱情。

梁武帝奉佛異常虔敬，在古今中國帝王之中絕無僅有。他致力於護持三寶與推展教化，聲名廣為前來朝貢的南海諸國所知，所進獻的貢品中常有佛像等聖物；所上書表中，時可見到對這位梁朝皇帝以法化世功績的歌頌。真諦今日一見，覺得傳聞大抵不虛。

雙方談著談著，就說起佛法弘教的話題。真諦向武帝表達翻譯佛教經論的深切期望，並謙稱，不敢指望能超越姚秦鳩摩羅什譯場，而企求新譯出來的經論勝過齊代的成績。武帝聽了，對其堅毅弘法決心大為嘉許，就先讓人將真諦安置在華林園的寶雲殿，賜與優厚供養，之後再進一步研議如何展開佛教經論漢譯的事業。

寶雲殿是一個什麼樣的處所？那裡設置有一個稱為「寶雲僧省」的機構，可說是國家的藏經重地所在，擁有典藏完備的佛教經論，武帝延請佛教界學問一流的高僧掌理這個機構；此外，聘任非常通曉經論的義學僧人在這裡纂輯佛典要義，將成果上呈給武帝披覽。安排真諦住在寶雲殿，其意義可由此推知。

關於華林園與寶雲殿，可再講述一些背景故事。華林園位於台城最北邊，是皇家後花園，於梁代成為都城的一大佛教勝地。依陸雲〈御講波若經序〉所述，華林園原是江東皇家權貴人士的冶遊宴飲場所，極盡奢靡浮華與聲色享樂；梁武帝取得天下以後，將這處園林改造為莊嚴的佛教空間。

武帝於天監年間初期就在華林園內增建兩層樓閣，上層為重雲殿，下層為興光殿，極為高廣華麗。武帝經常在重雲殿中禮佛修行，談論佛法，召開講經論議的盛大集會，及舉行莊嚴隆重的殊勝法會。園林內還有一處專供收藏佛教經籍及匯編佛典法要的寶雲殿。

在真諦來到中國的四十年前，梁武帝想要深入經藏，苦於佛教法海浩瀚無邊，粗知佛法者很難在卷帙龐然的經藏中找出一個統緒。他想到一個辦法，敕命精通經論的法師來編纂佛典法義要集；這些佛典輯錄上呈給武帝披覽，讓他較有效率地掌握佛法的總體要義，成果亦能使許多佛典研究者受益。

自天監七年（西元五〇八年）以來，武帝首先延請莊嚴寺僧旻法師在建康上定林寺將佛經要義選輯為《眾經要抄》八十八卷，接著又請開善寺的智藏法師分類編輯佛經教理成為八十卷的《義林》；再者，請寶唱法師蒐羅大教東流以來漢地法師的佛學撰述，編為《續法輪論》七十餘卷。

莊嚴寺的僧旻會到上定林寺編書，因為這裡擁有一座藏書豐富的藏經閣，從南齊永明年間就開始收藏佛教典籍，另一處後來居上的藏經閣即是寶雲殿。齊末戰火使得書籍遭受嚴重破壞，梁武帝建立梁朝不久就開始系統收集各類圖書，華林園中專門典藏釋氏經論。（見阮孝緒〈七錄序〉）

這些佛典輯錄篇幅雖然不小，但相較數千卷的漢譯經論而言，已經算是濃縮性質的要義精華本。梁武帝本人是個文學之士，非常重視佛教圖書的收藏；

再者，從事大量佛典的匯編抄集工作，需要一個藏書充足的佛教經論書庫；同時，在編輯過程中會不斷增加佛典館藏，這應是寶雲經藏日趨完善的背景。

隨著傳譯到中國的佛典數量越來越多，琳瑯滿目，令人不易知悉到底存在哪些經典與論書。梁武帝在天監十四年（西元五一五年）勅命安樂寺的僧紹編撰「華林佛殿經目」，但他看後感覺不是很滿意。於是，又延請寶唱依據僧紹的目錄重新編撰成為四卷；其分門別類頗有條理，武帝甚為欣賞，就降下敕命讓寶唱掌管華林園的寶雲經藏，負責搜求遺逸佛典，以使經論典藏更加完備。

天監末年（西元五一九年），武帝又想到，戒律講明各種佛門行為規範，但條文篇章廣博宏富，希望能擇取扼要，分類相從；於是敕命專研律學的建初寺明徹法師進入華林園，在寶雲僧省專門負責抄集與編類戒律典籍的重要內容。寶雲經藏的重要地位由此可知一斑。

寶雲僧省是這樣一處佛法寶庫，唯有頂尖的義學高僧方可獲得殊榮住在裡面利用收藏齊備的佛教經籍，馳騁於浩瀚的佛法大海，為梁武帝與佛門全體輯錄經律論三藏的重要法義。真諦蒙受武帝恩幸而住在寶雲殿，感到非常欣喜；心想，翻譯佛教經論的願望指日便能實現了。

無奈，就在真諦於太清二年初抵建康之際，侯景已在壽陽（今安徽壽縣）圖謀舉兵反叛，同年底圍攻建康台城，隔年三月梁軍兵敗城破。於此兵荒馬亂的時局，武帝自然無暇與無力護持，原本預定的佛經傳譯計畫戛然中止。真諦自此步入流離顛沛的漢地譯經弘法生涯。

梁皇蕭衍

梁武帝蕭衍這位深受真諦景仰的東方菩薩聖主，經歷其個人佛教理念與實踐的轉化，以誠摯和熱烈之心推行佛教，打造出一個欣榮的佛教國度，這是吸引真諦前來中國弘法的一大誘因。這位天子文武雙全，雄才大略，具足成就大業的才華與能力，甚至運用手中的政治權力全心護持佛法；然而，卻也因過度投注於佛教建設而疏忽了國政的治理。

梁武帝獨具政治、軍事方面的才能，能帶兵幫助南齊擊退魏軍；或在魏軍大舉壓境時得以保全戰力。竟陵八友之中識鑑過人的王融相當敬畏蕭衍，常告訴親近朋友說：「宰制天下，必在此人。」（《梁書・武帝本紀》）就政治面而言，王融的判斷是準確的。

武帝年輕時是著名的「竟陵八友」之一，於玄、儒、文、史、佛各方面的學問都具備一定的造詣。他的學識非常廣博，一向勤讀不輟，成為皇帝後堪為全國文化界領袖，帶動整體精神文化的提升。

說到竟陵八友，有必要介紹一下南齊竟陵文宣王蕭子良這位人物。他奉佛誠篤，啟蒙了梁武帝的佛學思想。他是齊武帝的次子，官居司徒時，移居都城北邊的雞籠山營造西邸，門下聚集很多文學名士：蕭衍、沈約、謝朓、王融、蕭琛、范雲、任昉、陸倕等八人最負盛名，號稱「竟陵八友」。

蕭子良同時邀請了許多名僧，齊、梁二代的著名僧人大多與他有所交遊。

他信仰佛教非常虔誠，抄寫多部佛經，舉辦齋戒盛會，制定戒規法式，提倡佛經義理。他個人持戒精嚴，著有《淨住子行法》，倡導清淨守戒、布薩懺悔。他的佛教觀念與作為，對梁武帝產生重要的影響。

梁武帝的學思歷程呈現儒、道、佛三個昇華階段；他肯認三教同源而又有淺深高下的分判，最後完全依止於佛教。他曾撰作〈述三教詩〉，申明自己的思想轉變過程，與其一生學術傾向的發展頗相吻合。首先，自少年到青年時期主要接受儒家教育：

少時學周孔，弱冠窮六經。孝義連方冊，仁恕滿丹青。
踐言貴去伐，為善在好生。

他研習周公、孔子、六經的儒家學說，注重典籍中的孝、義、仁、恕等道德觀念，在實踐上強調不驕、好生等修養德行。除了儒家，這個階段他其實也接觸到佛家與道家，但類同一般文士的典型養成教育，先側重在儒家的修身與經世學問。

在壯年與中年這個人生階段，不免遭逢世間險惡、生離死別而形成某些心理上的困頓經驗，以及意識到生命的有限性，開始轉向道家與道教的探索：

中復觀道書，有名與無名。妙術鏤金版，真言隱上清。
密行遺陰德，顯證在長齡。

「有名」與「無名」係道家典籍《老子》的重要概念；妙術、真言是道教經典的精彩處；至於實踐維度，則關懷仙學的廣積陰德與追求長生。玄學是六朝時代的流行思潮，武帝在竟陵王門下必然蒙受薰陶。

他成為皇帝後還有奉道上表的情事，《隋書・經籍志》說道：「武帝弱年好事，先受道法；及即位，猶自上章，朝士受道者眾。」武帝未據極位時就與茅山上清派道士陶弘景交好；登基以後，每逢國家吉凶征戰等大事，仍常諮詢於他，以致陶氏有「山中宰相」之稱。武帝並且贊助道士煉丹藥物，還服用陶弘景所煉製的強身飛丹。

竟陵王蕭子良傾心佛教實踐，雅好佛學思想，蕭衍身處竟陵八友這個學術群體早已接觸到佛學；後來他所展現的佛學觀念與奉佛行事，從中能見到蕭子良的影子。隨著佛理熏習與人生體悟的加深而促發因緣成熟，武帝轉向了佛法探求，終至徹底歸心佛教：

晚年開釋卷，猶月映眾星。苦集始覺知，因果方昭明。

不毀惟平等，至理歸無生。

他將佛教形容為眾星拱托的月亮，高於其他一切學問體系。他感悟了生命存在的苦諦（苦的真相）與集諦（苦的原因），信受了因果業報的昭然不爽；同時，領會到般若學的平等、無生之空性實相深義。

他在〈述三教詩〉的最後，點出三教並無二源，絕非三種獨立無關的真理學問系統；然而，隨著各人的智慧根性優劣，所了知的真理層次因而有異。他說：「大椿徑億尺，小草裁云萌；大雲降大雨，隨分各受榮。」這是植基於《法華經．藥草喻品》的同法異解思惟。

佛陀所說法語猶如同一味的雨水，平等澆灌大地上的小草、中草、大草、小樹、大樹等一切植物；所有草木依其個別能力，汲取不同量的雨水而獲得恰當的滋潤。如來教法殊途同歸，有情因智慧潛能不一而對通同真理獲致不同理解，從而有佛乘、二乘、人天乘的淺深差別。

梁武帝隨著時間遞嬗而發展的儒、道、佛學問取向，亦指引著國家治理的理念與方略。他坐上皇位的第一個階段，主要採用儒家治術，用心於改革與施政。他在天監四年（西元五〇五年）所下的詔書中，申明獎勵儒學，招納賢士，矯治魏晉浮盪風氣。他藉助儒術以厲精圖治，對內嚴明朝綱政事，對外抵禦敵兵侵犯。

武帝即位之初以儒家禮教為治國指導綱領；與此同時，他也向道教高人諮詢軍國方策，及尋求養生之道。「外儒內道」本是中國傳統知識分子的一種處世智慧修養，以儒治世、以道治身，在充滿強大張力的政治競局中爭取較為均衡的生存模式。

梁武帝在位長達四十八年，努力經營而使梁朝成為南朝時代的太平盛世；

後來，他信佛事佛越發誠篤，將梁代佛教文化推向一個表面欣榮的頂峰。劉宋朝佛寺一千九百一十三所，譯經二十三人共二百一十部，僧尼三萬六千人；齊代佛寺數量稍增，僧尼人數略少，譯經成績銳減。到了梁代，快速膨脹到佛寺二千八百四十六所，僧尼八萬二千七百人，譯經四十二人計二百三十八部。隨後的陳代，僧尼人數回落到齊朝水準而稍減。（唐代法琳《辯正論．卷三》）

南朝的佛教文化氣息濃厚，梁武帝選在四月八日佛誕日登基，具吉祥時間的象徵意涵。從他建立梁朝開始，即有興造寺院與禮遇高僧的友佛行動，將佛教援引為輔助國家政道的力量，後來更是極力推動各類護法與弘教的事業。他的佛教信念隨著時間經過而越發堅定，受菩薩戒後正式以「皇帝菩薩」身分來落實其佛教聖王理想。

梁武帝即位的第二年，於建康西南的新林興建法王寺，這是他首破齊國大軍、奠定帝業基礎的地點。又施捨其故宅，改造為光宅寺；「光宅」出自《尚書．堯典序》的「光宅天下」，有取廣天下之意。武帝相當崇敬神異僧保誌（寶誌）；保誌圓寂以後，在其墓園創立開善寺。

以上法王、光宅、開善三寺，有藉佛教加持以穩固基業的意義，及出於對高僧的紀念之情，這是武帝即位早期的建寺用意。

在爭取大位的過程及即位之後的政教運作，武帝都對佛教高僧有所倚重；武帝對神異、明律、義解等各科高僧非常禮遇，並將八位高僧禮聘為家僧。武帝網羅許多著名僧人，協助政教方策的諮議與推行。梁朝高僧獲得皇帝的尊重與贊助，得以施展個人佛教長才，以輔助政治教化，及實現個人的佛法利世願望。

武帝在天監十一年（西元五一二年），於政務繁忙的閒暇之際，與二十位義學僧人共同注解《大品般若經》。依其〈注解大品序〉內容來看，他不僅通曉《般若經》教理，亦能融攝《法華經》、《涅槃經》的思想。

武帝以大乘佛教為中心，欲藉其教義標準改轉其他宗教的某些信仰觀念與祭祀方式。天監十六年，基於慈悲不殺的精神，廢除宗廟的獻牲儀式，改用蔬果；同年，下令廢除全國道觀，讓道士全部還俗。這是很大膽的宗教變革行動，容易引發反彈力量。

菩薩皇帝

梁武帝信受佛法漸至精誠，於天監十八年（西元五一九年）四月八日發起弘大誓願，禮請慧約法師為戒師，受持菩薩戒。他放下皇帝身分，脫卻黃袍，穿上福田衣，向戒師恭敬頂禮三拜，領受戒法。之後慧約進宮時，他都先行禮拜師尊，然後才就座相談。

由於皇帝受持菩薩戒的影響效應，帶動皇親百官、道俗眾人相繼效法，蔚為風尚，相傳受戒者達到四萬八千人之多。

武帝在受菩薩戒以後，對佛教的信解程度更加強化。普通元年（西元五二〇年）為其先父於鍾山營建大愛敬寺，住僧千餘人；後來又為其亡母在京城清溪西岸繁華地段興造大智度寺，有五百尼僧，四時誦經。這兩座寺院是為了表達對已故父母的孝思，並有仰仗佛法超薦先人的意義。中國佛教的孝道思惟與佛教法義緊密結合，為親人營做佛教功德成為盡孝的一種方式。

同泰寺建成於普通八年（西元五二七年），號稱南朝四百八十寺之首。武帝於台城北面特別開闢大通門以通向此寺南門，同時改年號為大通。這座寺院的宮殿樓閣仿照宮廷樣式，並建有九層高塔。武帝經常到此寺禮佛行懺，講說佛經，甚至數度在寺中捨身於三寶。

真諦聽說過一個關於南天竺來的菩提達摩大師與梁武帝會面的傳聞，發生在大通元年（西元五二七年），只是不知內情真偽——

武帝問達摩：「甚麼是神聖的最高真理？」

法師回說：「無邊無際，並無神聖。」

武帝又問：「面對我的是誰？」

法師回說：「不知。」

又問：「我自從登上皇位，度化有情，興建佛寺，抄寫佛經，製作佛像，有何功德？」

法師說：「並無功德。」

武帝說：「為何沒有功德？」

法師說：「這是人天小果報，帶有煩惱業因。雖然有善因，但非是實相。」

武帝問：「怎樣才是真實功德？」

法師說：「清淨智慧微妙圓滿，體性本自空寂，如此的功德不透過世俗法來追求。」

武帝不了解達摩所說意旨，臉色難看，不再說話。達摩與武帝話不投機，就渡江到魏國去了。

這個故事中所呈現出來的梁武帝形象，似乎只知追求世俗功德，與真諦接觸武帝後獲得的印象有所差異。不過，即使武帝表現出好大喜功的奉佛心態，但有其深入的佛學理解，這也是推動其佛教事業的重要驅力。或許是，達摩那種嚴謹修定的印度禪風格，不同於南朝佛教以般若空義為本的積極菩薩道踐行。

大同三年（西元五三七年）八月改造阿育王寺塔，於舊塔基下發現舍利與佛爪髮；武帝親自到寺禮拜，舉行無遮大會，並大赦天下。隔年九月，武帝又到這處寺院禮拜，舉行無遮大會，建立二座佛塔，以金器、玉器等重新盛裝舍利與爪髮，安置在七寶塔中，放入石函內，埋藏於兩座佛塔之下。佛髮舍利的發現，促成派員前去扶南求請三寶之行。

武帝以帝王之尊受菩薩戒而能嚴格持守，實屬難能可貴，堪為佛教行者的表率。他堅持過午不食，所吃食物不求精美，只是豆羹、糙米飯等蔬食；遇事忙碌，若過了中午，就只用水漱口。身上穿著布料衣服，帷帳由棉布做成，冠帽一戴三年，被褥二年才換。五十歲以後即斷絕房事，謹守梵行；不飲酒，不聽音樂。他的生活方式可說已經接近一個出家僧人。

梁武帝精研佛教經典，自己又恪守菩薩行履。當他發現當時僧人飲酒食肉的情事不合幾部大乘經典所說，且有違佛教的慈悲精神，於是聯合幾位高僧策動二次斷除酒肉的佛教會議，發表〈斷酒肉文〉，期請僧團禁絕酒肉，以使戒行清淨，最終勸服了僧團。這起事件對漢傳佛教影響重大，成為一個戒絕葷腥的佛教傳統。

武帝在禁斷酒肉這件事情上，想借助國家法律的強勢作為來規範僧尼戒行，抱著急切之心想要匡正自己認定的佛門僧眾之不如法行為；他甚至想自己擔任白衣僧正，依戒律制定法規，以國法來扶助僧團的戒律持守。後來經由智藏法師的婉言勸諫，才打消這個念頭，讓僧團自治；智藏同時告誡僧人應當持好戒律，就不致引發白衣僧正介入僧團管理的問題。

梁武帝四度在同泰寺捨身。捨身意指將自身、宮人與國土施行清淨大捨，以供養三寶。武帝卸下黃袍，身披袈裟；雖未受具足戒，而有類似出家的意涵。捨身之後，都由群臣籌集鉅資將皇帝菩薩贖回。每次捨身住在寺中，居室、用具都很簡樸，並謙恭為人執役。第二度捨身開始，會升上講堂法座，為四部大眾開講佛經。他講經的場面，名僧碩學、道俗二眾常匯聚超過萬人。

真諦在中大同元年來到中國，梁朝佛教在武帝虔誠信仰的帶動下，邁向高潮。隔年太清元年三月，他聽說梁武帝第四度到同泰寺舉辦無遮大會，大赦天下與捨身的重大消息。對於武帝能以帝王高位這樣全身心奉獻於佛教，他確實感動，也對自己這趟譯經與弘法之行充滿期待。沒有想到，梁朝氣勢已在強弩之末。

武帝個人弘講的經典，及高僧受請的講經主題，主要包括《大品般若經》、《三慧經》、《涅槃經》、《法華經》、《勝鬘經》、《維摩詰經》、《成實論》等，鳩摩羅什所譯的中觀學派論書也多有人鑽研。這是南朝趨於成形的佛學取向，是真諦傳譯唯識學說將要面對的競爭義理系統。

真諦在梁朝與學問僧人交流過程中，發現他們對於佛教經論的弘講與鑽研已經蔚成某種主流趨勢，並依研究所得建構中國在地的佛學觀點。在南朝佛教圈這種對佛學開始朝向在地自足，以般若、佛性為義理主體的語境中，降低了對新潮唯識佛學的接受度。由於南傳佛教的發達，具足強勢競爭實力，真諦似未意識到唯識佛學新說的推廣會面臨一段艱辛路途。

在梁武帝對佛教的大力護持與積極經營之下，達於南朝時代的佛教極盛期，卻招致國政疏於治理的弊病。南朝時代士風柔弱奢靡，武人桀驁難馴，北方強敵覬覦，民生經濟凋敝，國主若不全心投入國家政事，亂局現起的因緣易於和合。梁朝的衰弱，不宜將主責歸咎佛教，而是武帝好佛失度以致未能嚴肅對待自己的帝王職守。他晚年遭逢侯景之亂，對梁朝國祚給予了致命一擊。

太清三年（西元五四九年）侯景攻破建康台城，擁兵入宮，帶劍上殿，拜見武帝於太極殿，舉止極其輕慢。武帝神色不變，仍以帝王的尊嚴姿態向他質問數事，反使侯景感到惶恐失措，有些問題對不上來，而由屬下代答。侯景震懾於武帝的威嚴，出來後向身邊部屬表示不敢再次見到他。

侯景自居為丞相，掌控朝政，軟禁武帝，以忤逆不恭的方式對待他；武帝憂憤病倒，卻依然齋戒不廢；長久臥病，到最後難以進食。某日，因口苦索求蜜水；尚未送到，就舉手大喊「荷荷」而去世，淒涼死於宮中，享年八十六歲。「荷荷」乃是戰場上兵退擊鼓復進的呼喊聲，顯示武帝的悲憤心理。（註二）

這整件事情對真諦帶來很大的衝擊：為何一位虔心奉佛的菩薩皇帝，為佛教做了那麼多的功德，最後竟然遭逢如此悲慘的命運，連帶招感建康地區的生靈塗炭？他很快地提起唯識教理進行理性思惟，這裡面隱含著梁武帝的個人別業，還有建康人民的集體共業。

扶南前輩

真諦在梁武帝面前充滿信心地表示，他漢譯的佛教經論必定超越齊朝的成績。在此之前，他應當已試著去了解齊、梁二代先前的總體譯經成果。他發現梁代的西來譯經前輩正好與僧禪尼和扶南非常有緣，同時知道武帝還特別設置了「扶南館」。

南齊一代的譯經活動，據《開元釋教錄》卷六統計，七位沙門譯主在二十四年時間當中，共譯出經典與律典十二部，總計三十三卷。譯主七人是曇摩伽陀耶舍、摩訶乘、僧伽跋陀羅、達摩摩提、求那毘地、釋曇景與釋法化。主要來自中天竺與西域。前三人是在廣州譯經，中間兩人在揚州（建康），最後的釋曇景與釋法化則情況不詳。

齊代所譯出的佛教經律，除了僧伽跋陀羅漢譯《善見律毘婆沙》十八卷、求那毘地所譯《百句譬喻經》四卷稍具篇幅外，其餘大多是一卷的小品佛典，而且多屬於故事性質的經典，這是真諦之所以深具信心的原因；真諦相信，自己的譯經數量與法義內容將會有不俗的表現。

月婆首那是中天竺優禪尼國王子，他先到北地的東魏，聽聞梁朝佛法興盛，於北齊時南來梁地。武帝還敕命由他總理外國往還使命，因他能通曉漢語和外國語言。他在大同四年（西元五三八年）譯出《大乘頂王經》一卷。《大乘頂王經》的內容是世尊在毘舍離城與善思惟童子所進行的甚深實相對話。主要經義是：佛即實際（真實的頂點，義同實相），實際無際；實際是空，空無空相；諸法無生，法無自性；法及法性，俱不可得……等等；善思惟由聽聞佛陀說法而證得無生法忍，佛陀為他授記成佛。

扶南沙門曼陀羅是在天監二年（西元五〇三年）帶來大量的佛典梵本及珊瑚佛像，進獻給朝廷。他的漢語並不好，武帝於是命他與較早來華的僧伽婆羅共同翻譯佛典，主譯《寶雲經》、《法界體性無分別經》、《文殊般若經》等三部經典。扶南館的設置主要應是為了供養這兩位扶南僧人。

《寶雲經》篇幅有七卷，是部重要的大乘經典，教導大乘菩薩道的種種修行觀念與方法，內容十分豐富。經中由除蓋障菩薩提出了一百零一個問題，世尊針對各個問題都用十個項目予以詳細回答。

《法界體性無分別經》說明一切諸法都是法界體性，本無差別，因有情心起分別，而有染淨；法界體性清淨，無有染淨。《文殊般若經》教導一行三昧的智慧觀法，了知法界同是一相，一切諸佛法身與眾生身平等無二。兩部經典都含有般若空觀與清淨法界融會的思想，為扶南所傳大乘經典的特色；真諦的佛學思想亦有此種特色的呈現。

扶南僧人僧伽婆羅自幼學習佛法，十五歲出家，主攻說一切有部的《阿毗曇論》，在扶南頗具名氣；受具足戒以後，更深入於戒律研究。他聽聞齊朝佛教通行而乘船來華，住在正觀寺。到中國後又拜求那跋陀為師，修學大乘佛典。梁武帝對他相當禮遇與看重，延聘為家僧。僧伽婆羅持戒嚴謹，不蓄積私人財產，所得供養都拿出來修建寺院。

僧伽婆羅通曉數國語言，天監五年（西元五〇六年）受命於武帝在建康的壽光殿、華林園、正觀寺、占雲館、扶南館等五處傳譯佛典，到天監十七年為止，共譯出佛典十一部四十八卷。

梁武帝非常重視佛經翻譯，譯經首日還親臨壽光殿筆受經文；又命令寶唱、慧超、僧智、法雲和袁曇允等優秀僧人和居士為翻譯出來的經典撰作疏釋。由此推知，如果真諦有緣在梁武帝時代翻譯佛經，必定會獲得大力護持。

僧伽婆羅的大乘師尊求那跋陀就是贈送《勝天王般若經》梵本給月婆首那的那位于闐僧人。求那跋陀是在太清二年（西元五四八年）六月來到建康，早於真諦二個月。月婆首那在求那跋陀處見到這部梵典時，內心澎湃不已，像面對真佛那樣敬重此經，於是向求那跋陀懇切請求，誓願用生命來翻譯與弘講。求那跋陀嘉許他的誠摯發心，便將這部珍貴佛典囑託給他。

由此可見，這些法師都是用他們的整個生命在守護與傳續佛教經典。僧伽婆羅漢譯的經典包括《阿育王經》十卷，講述阿育王前世今生的崇佛奉法事蹟，及摩訶迦葉到優波毱多等五位法師傳持法藏的因緣始末。又譯出《阿育王傳》五卷，內容與《阿育王經》類同。這兩部佛典對於武帝的聖王理想應有所啟發。

《文殊師利問經》二卷，說明菩薩戒行、無住涅槃、般若波羅蜜、不二中道、部派自大乘出等重要意趣。《文殊師利所說般若波羅蜜經》一卷，經義同於前述曼陀羅譯本，而譯文品質較佳。《度一切諸佛境界智嚴經》一卷，以佛陀神通放光為因緣，文殊菩薩請問不生不滅的意旨；佛陀回答佛身常住，不生不滅，一切諸法全都平等。這三部經典教導文殊菩薩所傳智慧法門。

《菩薩藏經》一卷，講說念十方諸佛名號，修懺悔、隨喜、勸請、迴向等行法。《十法經》一卷，教導大乘菩薩的信、行、稟性、菩提心、樂法、觀法、行法、離我慢、了知密語、不樂二乘等十種次第行法。這些是較為通行的菩薩法門。

《孔雀王陀羅尼經》二卷，述說孔雀王陀羅尼的由來因緣與修持功德。《舍利弗陀羅尼經》一卷，教導以清淨無執之心持念此經咒語，速得無上菩提，及感得夜叉王守護。《八吉祥經》一卷，聽聞此經所列舉的八佛名號，受持不忘，修行功德增上，一切怖畏消除。這些是傾向他力加持性質的經典。

《解脫道論》十三卷，阿羅漢優波底沙所造，內容是錫蘭無畏山寺派所傳授的系統修行方法，以戒、定、慧的次第論說解脫正道。無畏山寺派是一個受大乘佛教影響的上座部分派。這部實修論典應是僧伽婆羅特別重視的，才會耗費那麼多心力將其漢譯出來。

僧伽婆羅的譯經底本大多是曼陀羅從扶南帶過來的。他所挑選出來漢譯的幾部佛典，反映出大乘經典適應扶南佛教的一個流通側面，也可幫助了解真諦所傳大乘佛學的某種思想取向。只是，真諦更有印度唯識佛學的厚實根柢。真諦與這兩位扶南來華的譯經前輩無緣相見。曼陀羅過世後，由僧伽婆羅獨立譯經；他在普通五年（西元五二四年）因病圓寂於正觀寺，時間是在真諦來到建康之前二十多年。

真諦具備梵漢雙邊的語言能力，通曉佛教經論義理，攜來許多漢地所無的貝葉佛典，抵達中國又蒙受武帝這位奉佛聖主的敬重與優禮，原本應當在譯經弘法事業上得以一展長才。惜為戰爭亂局所阻礙，佛經傳譯事業難以順利展開，只能感慨時運不濟吧！

【註釋】

註一：日本學者鎌田茂雄模擬真諦從南海郡到建康的路線是：「從廣州溯湊水北上，越大庾嶺下贛江，經過豫章（江西省南昌市）再到九江，沿著長江南下，抵達建康……期間或曾滯留在豫章某處。」參閱鎌田茂雄著，關世謙譯：《中國佛教通史》（高雄：佛光文化事業有限公司，二〇一六），冊四，頁三一。

註二：對於「荷荷」二字的解釋，可參見唐長孺所著之《魏晉南北朝史論拾遺》（北京：中華書局，二〇一一）頁二六七至二六九，對〈讀史釋詞〉之「荷荷」條的考證。

第四章　梁末亂世譯經

往富春，令陸元哲創奉問津，將事傳譯；招延英秀沙門寶瓊等二十餘人，翻《十七地論》，適得五卷，而國難未靜，側附通傳。

真諦法師面見梁武帝之後，不久即發生了侯景叛變的事件，打亂了他原本預期的譯經與弘法計畫。

經過幾個月的激烈圍城攻防，叛軍打進了建康的台城（皇城）。侯景完全控制了朝政，軟禁武帝，態度驕橫，行為跋扈，武帝沒多久即憂憤成疾，最後淒涼地死於宮中。

侯景放縱軍隊在各處燒殺劫掠，京城地區殘破不堪，飢荒與疾病相連；討伐叛亂的義軍與侯景的部隊在多地交戰，四處兵荒馬亂。處於這樣的戰爭動盪時局，佛法的弘通機運受阻；真諦失去了梁武帝這位大護法，只得在南中國各地漂泊遊歷，重新尋訪傳譯佛典的合適因緣。

侯景之亂

侯景之亂自太清二年（西元五四八年）八月到大寶三年（西元五五二年）四月，延續了三年多時間，使得梁武帝的佛教事業與真諦的譯經規畫全部停頓下來。這波戰事亂局來得又急又猛，著實出乎真諦的意料，使他的整個弘法人生發生劇烈變化。

真諦心中不免感傷，好似無情的戰爭陰影一直隨逐著他。故鄉優禪尼長期籠罩在外族侵略的戰火威脅；第二故鄉扶南在他離開之際，也陷入王位爭奪紛亂，後來又遭受真臘入侵與併吞。現在來到中國，才剛安頓下來，戰事卻來得迅雷不及掩耳。

關於侯景叛亂事件的始末，有著一些令人費解的懸疑情節。侯景以最初數千兵馬的區區實力，竟然勢如破竹，幾乎顛覆了整個梁朝政權；中間的幾個重要環節，如果梁廷處置得當，整件事情的結局可能反轉。但歷史無法回頭，只能說眾因眾緣的不可思議。

《南史．侯景傳》記述，侯景出生在北魏的懷朔鎮（於今內蒙古固陽），大概屬於被鮮卑同化的羯族人。受邊地好武風氣影響，侯景年少時即頑劣乖張，鄉里人都很懼怕他。他擅長騎馬射箭，勇武善戰，並且多有智巧謀略。侯景從一介士兵做到邊鎮小吏；趁著北魏末年北方大亂，他看準了情勢，幾度變節靠攏擁有軍事實力的強權將領，因而快速崛起。

侯景生性殘酷暴虐，治軍相當嚴厲齊整，攻城掠地所得財物則大多獎賞給底下兵將，所以很多人樂意追隨他，因此經常打勝仗。侯景在擔任邊鎮戍兵的時候，便與後來成為北魏、東魏權臣的高歡結識為友。他曾在北魏大將爾朱榮麾下立下戰功，獲拔擢為定州刺史；後又率眾投靠打敗爾朱榮的高歡，利用舊誼與才幹大受重用。

北魏後來分為東魏與西魏；侯景深受當時掌握東魏大權的高歡所器重，一路晉升到河南道大行台，位居司徒。他曾經在高歡面前發下豪語：「很遺憾沒抓到西魏的宇文泰。請撥給我三萬兵馬，使我可以橫掃天下。我必定渡過長江把蕭衍老頭綑綁過來，讓他去做太平寺的住持。」高歡賞識他這番話語的豪邁氣概，便由他統兵十萬，專門節制河南，以抵禦西魏的東襲及梁軍的北上。

梁武帝蕭衍篤信佛教之事普為人知，侯景戲謔地說要把他抓來充當東魏鄴都太平寺的住持，意思是要降服他，讓他以佛教專長替東魏王室服務。「太平寺」可能是「天平寺」的訛寫。東魏動員大量民力營建新的鄴城，於興和二年（西元五四〇年）遷入新建皇宮，敕命將舊宮改作天平寺。天平寺是東魏都城的國家寺院，猶如南朝建康華林園的地位，名僧匯聚，法筵大開。（註一）

高歡病重將亡之際，對侯景有所猜忌，提醒其子高澄說他狡猾多計、反覆無常，宜多加當心。高澄冒用父親名義致書召見侯景；兩人原本就有嫌隙，侯景認出信件是偽冒的，害怕遭遇禍患，從而舉兵叛變。

面對東魏討伐大軍的進逼威勢，侯景感到懼怕；一面向西魏表達割地求援的意向，一面聽從屬下之計，派人向梁朝上表求降，願意獻上河南十三州。

梁武帝召集群臣商議侯景投誠之事，幾位高層官員表示強烈反對意見；但武帝謀求北伐事功及貪圖大片土地，並未接納臣下的審慎建議。於是招納侯景，封他為河南王、大將軍，統理河南南北軍務，並派出梁朝大軍北上應援。

梁朝自大同初年即與東魏通和，十餘年間雙方未發生戰事；這次為了聲援侯景而出兵北伐東魏，由宗室貞陽侯蕭淵明擔任都督，統率十萬大軍攻打青、徐之地。武帝原本有交代適當戰略，結果統帥指揮失誤、軍紀散漫，為東魏大將慕容紹宗所敗，損失數萬兵士，蕭淵明本人遭到俘虜。

武帝聽到消息之後大為震驚；主力大軍潰敗，只能指望侯景能抵擋住東魏軍隊南下。侯景部隊在向南退守的過程中，軍眾不斷流失，最後受到魏軍夾擊而敗戰，率領餘眾渡過淮河。幸而東魏軍隊並未渡河追擊，梁地危機暫告解除。

梁朝大軍潰敗到侯景兵敗渡河，是在太清元年（西元五四七年）底至太清二年初期間，此時真諦人已在中國，正從廣州北上到江西境內，可能停留在豫章（今江西南昌）。由於魏軍沒有進一步南下攻擊，所以在江南地區會感覺戰火距離很遠，仍為昇平景象。

侯景領著敗軍渡過淮河以後，一時之間不知該何去何從，聽從策士的計謀，假裝投靠壽陽（今安徽壽縣），反將壽陽據為己有，開始重整自己的軍力。然後派人到建康稟告戰事失利，請求自我貶削。梁廷原已調整諸州人事，將蕭範調到南豫州，以接替蕭淵明坐鎮壽陽；因侯景剛戰敗師疲而不忍再要他遷移，就任命他為南豫州刺史，維持原先官位，而改派蕭範擔任合州刺史，駐紮合肥。

正當侯景兵敗生死未卜的時候，面對東魏強軍的威脅，梁王朝眾人甚為憂慮。太子詹事何敬容則說，侯景死了還真的是朝廷之福；太子驚訝地問其緣故，他說這種反覆叛國的臣子，最終將會禍亂國家。當梁武帝想任命侯景為南豫州刺史，光祿大夫蕭介上諫指陳他離棄國家就像脫掉鞋子，背逆君親如同丟棄草芥，哪有可能做個忠心臣子！然而，武帝此刻已無法做清醒決斷，朝中也多昏昏之士。

東魏擊敗侯景之後，又陸續收復幾處原先的失地，派人向梁朝和親；梁武帝召集屬下謀議，有重臣力主同意其請求。侯景聽聞此事後不太相信，於是偽造東魏來書，說要以蕭淵明交換侯景，武帝竟然同意。侯景又請求與王、謝世族結親；武帝回覆說王、謝門戶較高，要替他在朱、張人家尋訪，讓侯景感到憤恨不平。侯景的機會主義性格，加上強烈危機意識，反叛之心已經醞釀許久。

這時剛好蕭淵明派人送信回梁朝，陳述魏人請求和好，同意釋放他回來；武帝看信流淚，回信說會派遣使者前往。武帝也想止息雙方干戈，於是開始與東魏和談通好。侯景聽到消息後心生恐懼，快馬加鞭趕往武帝面前強力勸諫，而武帝不聽。

自此以後，侯景所上表疏內容就顯得驕橫無禮，同時在壽陽招兵買馬；有駐地官員屢次上奏舉報侯景將要叛亂的情事，卻遭武帝身邊寵臣壓下。至於武帝本人，則認為侯景兵力不多，不致構成嚴重威脅。侯景謀反之心越發堅決，開始拉攏其他人一起叛變。

真諦一行這時從現在的九江乘船順著長江而下，終於抵達了建康。然後進入台城到宮中面見梁武帝，向武帝稟告帶來許多漢地所無的佛典梵本，以及印度正在興盛的唯識佛學，雙方都認同佛經漢譯是項佛門千秋事業。其後真諦住進華林園的寶雲殿，一切條件都很完善，期盼著譯經事業早日開鑼。

真諦從南海郡上岸後一路到建康，前後兩年時間，發現中國佛教界對瑜伽行派與唯識佛學所知不多，因此感受到自己在佛典傳譯與義理解說上所負的重責大任。同時，他察覺到南朝佛教圈似乎形成研究與弘講某些特定佛典的傾向，還不知道他們對於唯識學說的接受程度。

真諦面見武帝後隔月，侯景在壽陽起兵，九月正式從壽陽出發，將近一個月時日就兵臨建康城下。這個速度太令人驚訝，朝廷大軍竟然沒有產生多大的抵禦作用；武帝難以置信，侯景驚喜連連，真諦則感世事無常。

太清二年（西元五四八年）八月，侯景以朝中奸臣亂政為由，起兵造反，要求帶兵進入朝廷。武帝顯得過於輕敵，戰略有所疏漏。侯景運用聲東擊西及快速進攻的戰略，趁著梁廷尚未部署完成之時，加上一連串的誤判局勢與策略失當，在武帝姪子蕭正德的倒戈相助之下，當年十月即包圍建康台城；然而，台城有強將戍守，侯景屢攻不下。

十一月，侯景擁立蕭正德為偽帝，改元正平，自封為相國、天柱將軍，戰事持續陷入僵局。梁朝宗室各路勤王援軍紛紛趕來相救，軍隊人數遠非侯景部隊可比，本可壓制侯景。不過，宗室各自異心，援軍號令無法統一，大多觀望而不願出擊，對侯景無法構成威脅。長期受到圍困，台城中缺少糧食，死亡與患病者眾，情況甚不樂觀。

真諦所住的華林園位在台城內部的最北邊，皇城遭受圍攻，他因此離開建康，往東避難到現今的浙江地區。侯景從西邊攻來，建康以東以南的區域受到戰爭擾亂較不嚴重。真諦後來轉移到富春郡（今浙江富陽），一個風光明媚的山城。

在梁武帝朝總監外國使節往來的月婆首那，獲得《勝天王般若經》梵本後想要翻譯出來，同樣因侯景作亂而走出建康，背著經本周遊各地，依然供養與讀誦不輟。直到陳代時局穩定後，才完成這部經典的漢譯。

這是侯景之亂時，來自優禪尼的兩位譯經高僧的類同命運。佛經翻譯是大功德事；然其順利運作，除了譯經僧人的條件適格，尚需天時、地利、人和。身處亂世而堅持傳譯佛典，其精神令人感佩。

真諦來到梁朝都城的這一年，也是三論宗的吉藏在建康出生的時間；他的名字，就是幾年後由真諦取的。吉藏的先祖是印度人，播遷南海，再到中國，他們的家族會關注來華印度僧人的訊息。真諦在中國，若非遭逢戰亂而遷徙各地，當會有知情的信佛外僑前來向這位大善知識供養與請法。

皇城陷落

建康台城被圍攻了一百三十六天，終於在太清三年的三月，侯景軍隊在有內應的情況下從西北角攻入皇城內。侯景帶著五百衛士，手持刀劍，進入太極殿覲見武帝。禮拜以後，武帝神色不變，讓侯景坐在三公位置，仍以皇帝的尊嚴姿態對他問話，使得侯景一時惶恐而不知如何應對。侯景說道，自己能以渡江千人發展到十萬大軍圍攻台城，最後還可能擁有天下之軍；武帝聽後只是低頭不語，若有所思。

侯景會見武帝出來以後，向左右的人說：「我經常騎馬殺敵，見刀箭紛來，心中亦無恐懼。今天見到蕭公，使人自生惶恐，莫非天威難犯？我不能再次見他。」侯景出身低微，一生騎馬打戰，文化素養不高，面對武帝的尊貴威嚴神態，其自尊與自信便顯得有所不足。

梁武帝以皇帝之身被侯景軟禁，雖然外表看似屈服，但內心懷著憤恨；對侯景的奏請常予否決，侯景也不敢逼迫。也因此，後來武帝每提出什麼需求，侯景多不順從他的意思，甚至飲食也遭到裁減，武帝於是感到鬱悶與憤怒。太清三年五月，武帝因長期病重而無法進食，於文德殿駕崩。

梁武帝心中可能有個大疑問：他虔心奉佛四十餘年，累積的護法與弘教功德如此之多，舉辦了那麼多場懺悔消業的大法會，何以依然落至如此悲涼的下場？其實，武帝早年征戰沙場，還有為奪取帝位而造作眾多殺業，以及過去世尚未償報的無數罪業；福是福，罪歸罪，因果業報終不混濫。武帝在位長達四十八年，梁代曾是南朝時期的太平盛世，這些都已是大福報的某種呈現，只是消耗也非常快速。

真諦一開始難以接受武帝這位菩薩皇帝遭致悲慘苦厄的事實，只能說業果不可測知。他想起《阿育王經》述說：這位印度聖主殺兄奪位，統治初期是個暴君，後來歸信佛教，所做護法施僧的功德遠大過武帝；然其晚年病重，想要再耗用國庫布施，卻遭太子控制，每天只供給極少食物。

兩位帝王盛極而衰的命運多有雷同之處。相信他們消完罪業以後，當會轉生善處，受用敬佛齋僧、推行佛化的巨大福報。

侯景隱匿武帝的死訊而不辦理喪事，文武百官都不知道此事。二十幾天以後，才將靈柩抬到太極前殿，迎請簡文帝蕭綱即位，改年號為大寶。侯景幽禁簡文帝，防範很嚴，只准他和幾個文人講談論議。

大寶二年（西元五五一年）八月，侯景又廢黜簡文帝，降封為晉安王，將他幽閉在永福省（官署名）。又擁立豫章王蕭棟為皇帝，登上太極前殿，大赦天下，改年號為天正。侯景並且大殺蕭綱的兒子，最後還用土袋壓死蕭綱。

同年十一月，侯景強迫蕭棟賜給自己「九錫」（錫即「賜」），賜給臣子九種禮器）的最高禮遇，又在服飾、車乘方面多所僭越，使用天子的規格。不久更假託蕭棟名義下詔將帝位禪讓給自己，登基為皇帝，國號漢，改元太始元年。封蕭棟為淮陰王，加以幽禁。

武帝第七子蕭繹時任荊州刺史，於大寶二年命令王僧辯為征東將軍，與廣東北伐的陳霸先會合，進攻盤據建康已久的侯景。侯景戰敗，想乘船逃向北方，在海上被部下羊鯤所殺，將屍體交給王僧辯。

不久，蕭繹在江陵自立為帝，年號承聖。江陵形勢孤立，承聖三年（西元五五四）西魏發兵攻打江陵，蕭繹被俘而遭殺害。隔年，王僧辯、陳霸先在建康擁立蕭繹第九子蕭方智為梁王，準備稱帝，追謚蕭繹為元帝。

蕭方智尚未坐上帝位，因北齊將元帝堂兄蕭淵明送回，欲立傀儡皇帝。王僧辯承受不了北齊的強大勢力，屈從其意，接受蕭淵明為帝，但要求立蕭方智為皇太子。承聖四年蕭淵明即帝位，改元天成，史稱梁閔帝。

陳霸先藉故王僧辯投降北齊，拋棄元帝之子，起兵襲殺王僧辯，廢黜蕭淵明，立蕭方智為帝，為梁朝末代皇帝。十月，蕭方智登基，史稱梁敬帝。西元五五七年，蕭方智將皇位禪讓給陳霸先，降封江陰王，梁朝正式結束。

侯景生性殘忍猜忌，喜好殺戮，經常使用十分殘酷的方法殺人；他還縱容軍隊殘殺百姓，掠奪財物，使京城陷入一場浩劫。繁華富庶的京都一時變成「千里絕煙，人跡罕見，白骨成聚如丘隴焉」。（《南史・侯景傳》）一片殘破荒涼景象。

侯景之亂前，建康原有二十八萬餘戶，經過大亂，建康士族與平民遭侯景軍隊擄掠或自相販賣而漂流北地者，可能多達數十萬人口。逃難到江南各地者，及在城中被殺害或餓死者，數目應更為可觀。台城內最為慘烈，十餘萬男女存活下來的可能只有二、三千人。（《魏書・釋老志》）。這可真是造孽！百姓也共同承擔這場悲慘共業現行。

神異僧寶誌與僧通都曾留下有關侯景命運的讖語。天監年間，沙門寶志說：「掘尾狗子自發狂，當死未死齧人傷；須臾之間自滅亡，起自汝陰死三湘。」又說：「山家小兒果攘臂，太極殿前作虎視。」「狗子」是侯景的小名，「山家小兒」意指猴子模樣；侯景起自懸瓠城，即是過去的汝南；巴陵有個地名叫三湘，是侯景敗亡之地。其間蘊意是：侯景攻陷都城，殘害皇室，最後自己也遭殺害。

侯景將敗之時，有位僧通法師，樣子癲狂，喝酒吃肉，和俗人沒有兩樣。他雲遊各地，無人知曉他的姓名和來歷；他說的話起先隱密難知，久了才會應驗，侯景非常崇敬他。

某次，侯景與徒黨在後堂射箭，僧通搶了他的弓箭射向景陽山，大喊：「得奴已！」某次侯景與徒黨群聚飲宴，又召來僧通。僧通拿肉蘸鹽給侯景，問說：「好吃嗎？」侯景回說：「可惜太鹹。」僧通說：「不鹹就爛掉了。」預示侯景後來會被擄獲殺死，屍體用鹽醃過，最後百姓爭食其肉。

侯景占據建康期間，真諦在富春譯出了《決定藏論》，其中說到第八「阿羅耶識」（阿賴耶識）即是一切煩惱的根本，是能生起眾生、國土、五根、六識等世間一切法的根本；此識含藏一切業行生起的種子（原因），是交互招引果報的根本。

每一個人自無始以來，都在第八識中積藏了難以計數的染汙種子，因緣和合顯現了身心個體、生存環境，衍生人生種種苦樂境遇；種子中有別業種子、共業種子，對世間所發生的一切起著決定作用。唯識學對世間一切事情的生滅因緣給出深密詳盡的解答，能夠依此義理進行智慧的思惟，內心便會平靜許多。

富春譯經

真諦於太清二年（西元五四八年）來到梁朝都城建康面見武帝，不久即發生侯景叛變的戰事紛亂，而主戰場就是建康。他只好帶著隨行人員暫時走出京城，播遷於較為遠離戰火的浙江地區。

真諦在這段時期所處的流離困頓情境，如能知曉侯景之亂與梁朝末年動亂悲苦的時代背景，則較能給與同情的了解。他立下高遠志願要在中國傳譯經論，弘通深妙佛理，卻一直缺乏一個穩定無虞的翻譯佛典場所。

真諦在世間流離的情勢中，尋訪佛經譯事的護持者，輾轉來到了富春。這是一個風光秀麗的山城，梁代文人吳均〈與宋元思書〉描繪此地是「風煙俱淨，天山共色。……奇山異水，天下獨絕。」沒有了京城的喧囂繁華，卻擁有一畦山光水色的靜謐。

太清三年十一月，侯景部下宋子仙攻打錢塘，守將戴僧易不敵投降，侯景改置錢塘為臨江郡、富陽為富春郡。富春當時已在侯景的控制之下，但比起建康相對安定許多。真諦應是在這個時間點以後來到富春。

富春令陸元哲熱情供養真諦，跟隨他學習法義，籌備佛典翻譯事宜，招攬優秀的佛教學人。太清四年（大寶元年，西元五五〇年）（註二），真諦與沙門寶瓊等二十餘人在陸元哲宅邸翻譯《十七地論》。不久後，富春再度捲入戰事，因此只譯到第五卷。

寶瓊是當時非常著名的義解僧人，受到梁武帝的敬重，曾召入壽光殿，講論法義。他輕看名聞利養，請辭名位，回歸故鄉晉陵郡曲阿縣（今江蘇丹陽）的建安寺；後來又受請到京城講經說法，辯才無礙，眾人對他極為歎服。寶瓊願意前來參與真諦的譯場，足見真諦的佛學素養及其佛經譯業的特殊號召力。

真諦在富春又受到戰事干擾。大寶元年十二月，張彪在會稽（今浙江紹興）起義，攻破上虞（今浙江上虞），侯景任命的太守蔡台樂前去征討，無法壓制；張彪又繼續攻破其他各縣，侯景於是派遣田遷等將領向東攻伐張彪。隔年正月，張彪命令部將攻打錢塘、富春，田遷進軍與他們交戰，將其擊敗。這個事件波及富春，真諦的佛典漢譯工作被迫中斷。

《十七地論》是玄奘所譯《瑜伽師地論》的異譯本，為瑜伽行派的早期論書，從這部論書的玄奘譯本《本地分》來看，將所依、所行的境界分為十七地。唐代《開元釋教錄．卷十四》著錄真諦所譯「《十七地論》五卷」，說明與《瑜伽論》為同本，但標示為闕本，因而無由得知真諦譯出的部分與十七地中哪幾地對應。真諦這個譯本在唐代顯然已經亡佚了。

與真諦所譯《十七地論》相關的一部漢譯論書是《決定藏論》三卷。《開元釋教錄．卷十二》指出《決定藏論》在《大周刊定眾經目錄》標示為「失譯」，也就是說欠缺譯經資訊，不知在何時由何人翻譯。《開元錄》根據譯文的風格氣勢，及論中附注出現「梁言」的用語，判斷《決定藏論》是梁代真諦的譯作。《續高僧傳》真諦本傳記述，翻譯《十七地論》一段文句的最後有「側附通傳」四字。「側附」一詞出於《文心雕龍．詮賦》的「理貴側附」，意謂從側面說明。真諦在翻譯佛典時常同時譯出相關注解，及附帶進行詳細講解。《決定藏論》就是在解釋《十七地論》的一部分。

「決定」即是「抉擇」的不同漢譯詞，《決定藏論》相當於《瑜伽師地論》之〈攝決擇分〉的異譯，〈攝決擇分〉解釋該論的〈本地分〉。考察《決定藏論》內容，約當玄奘〈攝決擇分〉譯文的「五識身相應地」與「意地」。《決定藏論》可能是真諦在漢譯《十七地論》之時，一併譯出解說〈本地分〉的〈攝決擇分〉相關部分。

《十七地論》與《決定藏論》的傳譯，是這部瑜伽行派核心論書的八識相關義理的首度漢譯，對於中國佛教學人了解唯識學派的心識學說提供了重要的文獻資源。在真諦之前，北涼．曇無讖譯《菩薩地持經》、劉宋．求那跋摩譯

《菩薩善戒經》，都屬於《瑜伽師地論》中〈菩薩地〉的異譯，但未涉及八識義理。

再者，真諦《決定藏論》譯文中出現「九識」（註三）與「阿摩羅識」，關涉到其所屬唯識學系或他個人的特殊思想。儘管如此，若將《決定藏論》與〈攝決擇分〉兩譯進行文義的對比，思想的歧義其實並無想像中大，此點留待解說真諦思想影響的部分再論。

真諦所譯《十七地論》在唐朝已然遺佚。玄奘大師前往印度，除了因為在中國學習經論留下許多法義疑問、想去印度訪求善知識以開決疑義，還有一個很重要的目的，就是請回完整的《十七地論》。真諦對此論所做的翻譯可說是一項先驅性的漢譯工作。

太清四年在富春陸元哲宅邸的譯經活動，依《歷代三寶紀．卷十一》所載，譯出的典籍尚有《大乘起信論》一卷、《中論》一卷、《如實論》一卷、《十八部論》一卷、《本有今無論》一卷、《三世分別論》一卷。其中，《大乘起信論》與《十八部論》應有時間上的誤置問題。

真諦所譯的《中論》現今不存，不知其詳。這個《中論》注疏譯本較有可能是瑜伽行派宗師世親所著的《順中論》，真諦所傳譯的論書大抵是無著與世親的著述。至於《三世分別論》，久已佚失，內容無由得知。

《如實論》是世親所作的因明學著述；依現存論本的內容來看，真諦譯出這部論書當中的〈反質難品〉。這是早期因明學論著在中國的傳譯，具有重要的意義。

《本有今無論》也署名為世親所著，全名為《涅槃經本有今無偈論》。這部小論，主要是針對《大般涅槃經》「本有今無，本無今有，三世有法，無有是處」這一首頌文的解釋。

真諦在富春所譯幾部佛典的特色，是小而精；他應該重在佛教思想要義的傳授講解，可能一面漢譯、一面解說，所翻譯的論典同時也是課堂講義。猶如現今在大學裡開設專門課程，有專業老師、上課講義，及想要追求佛學新知的學生群體。真諦對他們翻譯與解說自己當初在印度所習得的前沿佛學奧義，師生們都以極為誠摯的心情想將這些經論合力譯介到漢地來。

重返建康

侯景在大寶二年（西元五五一年）十一月受禪讓稱帝，於大寶三年迎請真諦返回建康，安置在台城供養。侯景雖是個殘暴武夫，但對佛教僧人抱持恭敬態度；這應是受到當時崇佛風氣的薰染，以及侯景個人的功利性宗教信仰需求。一邊殘酷殺戮，一面祭祀求福，這是帝王與武人信奉佛教這個悲心為懷的宗教的矛盾心理。

南北朝時代，北方胡族崇尚勇武，文化風習質樸，比起南朝具高度文化的漢人群體，更容易接納佛教這種外來宗教的信仰形態。敬奉和護持佛教有助於累積功德、祈福消災，有識僧人亦可成為國政方略與心靈開解的諮詢對象。

侯景出身於北方邊鎮，感染北人習氣，一生多在戎馬倥傯度過，殺戮罪業繁重，佛教信仰最適合用來為他提供心理慰藉。他在北方時，已有建寺供僧的事行。於定州刺史任內，為靈裕上奏請求度他為僧；曾建造寺院延請曇隱入住供養；在大行台任內，為僧達建造二座寺院。揮軍殺敵與拜佛供僧，如此違和的二件事情可表現在一人身上。

印度與西域來華僧人帶有異國神祕氣質，某些人還能顯現神異，受到北朝帝王與權貴人士的敬重與供養。真諦是來自佛教祖國的印度高僧，經典義理通達，受人崇敬、高深莫測，更是侯景想積極爭取供養的對象。

侯景迎請真諦入宮供養的動機，還可自他當時的精神狀況來分析。他生性殘暴、性格猜疑、喜好殺戮、罪孽深重，稍知佛教因果道理與世俗鬼神之說的話，內心常會湧現深度不安的情緒，懼怕來自冤家債主的報應厄難。

梁武帝的威嚴神態令侯景異常驚怕，每次前往武帝常去的殿堂，總感覺芒刺在身，並聽到有人斥責；因此，武帝常住的地方他都不敢去。晚上睡覺容易驚醒，好像有東西敲擊他的心臟。害怕在走廊聽見貓頭鷹叫聲；所騎的白馬多次發生異狀；他自己身上也長出怪異肉瘤。

《南史．侯景傳》所給出的這些特別描寫，反映他有嚴重的心理困擾。良好解方，便是仰仗佛教高人的超凡能力，以及宗教功德的贖罪功用。侯景供養真諦，一方面希望藉此獲得功德，可能也想尋求心理安寧的解藥。

只是，這時依舊戰爭與飢荒接連不斷，佛教大環境仍處於衰微狀態。大寶三年（承聖元年）三月侯景兵敗向東逃竄，京城逐漸恢復安定。十一月，梁元帝蕭繹在江陵即帝位，改年號為承聖。

此時真諦改住在建康的正觀寺，與願禪師等二十餘人翻譯《金光明經》。承聖二年二月，真諦又繼續在楊雄宅邸翻譯《金光明經》。前後兩次完成了全經七卷的漢譯。（註四）

《金光明經》是部講述護國佑民與教導懺悔修行的經典，古來頗受國主與實修者的歡迎。真諦這次的漢譯是第二譯，由慧寶傳語，蕭梁筆受。這個新譯經本與過去北涼．曇無讖譯本的差異處是增譯了〈三身分別〉、〈業障滅〉、〈陀羅尼最淨地〉、〈依空滿願〉四品，又補足〈壽量品〉的後面部分。後來在中國已無法見到獨立流通的真諦譯本，其增譯部分合入隋代沙門寶貴整合曇無讖與真諦二譯的《合部金光明經》當中。

真諦在建康譯經期間，發生真諦與後來的三論宗師吉藏的會遇。吉藏祖上是安息國人，為了躲避仇人而移居南海，其後落腳在交廣之間，最後遷徙到金陵（今江蘇南京）定居。吉藏就是在真諦首次來到建康的那一年出生於金陵，此時已經成長到三、四歲。他的父親道諒法師領他前來拜見真諦，請求真諦賜名；真諦詢問其懷抱的志向，取名為「吉藏」。這是中國佛教界的一段佳話。

梁末譯經

承聖三年（西元五五四年）二月真諦「還返豫章」，豫章在今日江西南昌。

既然說是「還返」，表示真諦過去曾經來過此地，應是在他從廣州到都城覲見梁武帝的途中。

他這次重來豫章住在寶田寺，為沙門慧顯等十餘名法師譯出《彌勒下生經》一卷，是這部經典在漢地的第二譯。又在同寺翻譯《仁王般若經》一卷及《仁王般若經疏》六卷。

彌勒菩薩與瑜伽行派經論的傳承有著奇妙因緣，受唯識學人尊崇為學派的初祖。《彌勒下生經》述說其下生成道廣度有情的事蹟。《仁王般若經》則與《法華經》、《金光明經》並稱護國三經。

真諦在翻譯經典時通常同步對經義做出詳細講解，可惜他的注疏譯著或釋義記錄幾乎沒有流傳下來。

真諦在豫章又遇到一位優秀的僧人警韶，兩人一見如故，相談甚歡。警韶持戒非常嚴謹，廣泛鑽研佛教經論，行化各地講演經論，頗受當時教內外人士的敬重。真諦讚歎說：「我遊歷了許多國家，甚少遇見像這樣的人。」表達出他對警韶的高度賞識。

真諦於是繼續停留在豫章為警韶翻譯與講解新本《金光明經》及《唯識論》、《涅槃中百句長解脫十四音》等佛教典籍。真諦帶來的《金光明經》之所以說是新本，是因相較之前的曇無讖譯本多出幾品。同一部經典，中國佛教徒通常會認可品數較多的經本，以為品數少者有所缺略。

這裡所說的《唯識論》則不知所指為何本論書。真諦後來又在臨川郡傳譯《唯識論文義》一卷，與元魏．菩提流支所譯《唯識無境界論》（略名《唯識論》）大同小異，或許即是此本。若是如此，那就是《唯識二十論》的異譯，主張一切萬法由心識所顯現，破斥小乘與外道對心外實體事物的執取。《涅槃中百句長解脫十四音》所詮釋的對象，相當於南本《大般涅槃經．文字品》解說各個梵文字母之深刻涵義的文句。這本譯作現今已經佚失不存。

警韶的領悟力相當高，真諦日間為他翻譯與解說，他晚上就能傳述給其他人；或是晚上聽聞真諦的講授，隔天便能據此內容為人演說。《歷代三寶紀》著錄真諦在太清五年（即大寶二年，西元五五一年）傳譯《金光明疏》十三卷，那時是在建康譯經的時期；很難想像，從當年十一月到隔年二月近四個月的時間，就能同時翻出七卷經文及譯講如此大篇幅的注疏。《金光明疏》或許是在為警韶詳細講解時才完成其文字記錄。

警韶在當時已是深通法義且擅長講經的著名義解僧人，真諦的法義傳授能再為他提供何種助益？真諦是來自天竺的佛學大師，除了個人天資穎悟，又在印度師從過義學卓越的論師。再者，通過梵文來理解佛典法義，會有單從漢譯文字來解讀所比不上的優勢。梵文是一種邏輯表義相對明晰的語言，被轉譯為漢文後，會產生諸多語義模糊之處；真諦的譯講，當能為警韶消釋許多義理疑難所在。

同一年，真諦離開豫章西行到新吳（今江西奉新），駐錫在美業寺，在那裡譯出《中論疏》二卷、《九識義記》二卷、《轉法輪義記》一卷。這三本譯作的題名都未見於今日的大藏經中。

二卷本《中論疏》極有可能是世親所造的《順中論》，是解釋龍樹《中論》的〈觀因緣品〉之作；在真諦之前，元魏．瞿曇般若流支已曾譯出《順中論》二卷。這部注疏抉擇龍樹《中論．觀因緣品》之八不、戲論、不生、二諦等深義。

《九識義記》今已散佚不存，真諦所譯《轉識論》中說：「由事故，知有此（阿梨耶）識。……但由事故，知其有也。就此識中，具有八種異，謂依止處等。具如《九識義品》說。」依此看來，應該是依《決定藏論．心地品》來論說心識的著述，或者就是〈心地品〉本身。（註五）九識說是真諦唯識思想的重要特色之一。

《轉法輪義記》內容已全無資料可考。東魏．毘目智仙譯有《轉法輪經憂波提舍》，世親所造，題目相近，內容主要闡釋四諦三轉十二行相，附加大乘佛教觀點。

南行栖遑

承聖三年同年，真諦又離開新吳前去始興（今廣東韶關），一年內輾轉奔走多地。從建康到豫章、新吳，然後遠赴始興的這幾個地點，將其反轉過來看，應當就是真諦當初搭船抵達南海郡後，前去梁都拜見武帝所走過的路線。

真諦本傳說他從建康「還返豫章，又往新吳、始興，後隨蕭太保度嶺至于南康。」真諦來到廣東，這裡局勢稍安，是想尋訪譯經弘法的機緣？還是興起了返回海外的動機？

真諦是在始興遇到「蕭太保」，即梁朝宗室曲江鄉侯蕭勃。任職廣州刺史的蕭勃當時人為何會出現在始興？出於什麼原因要帶真諦到南康（今江西贛州）？這背後又是一段複雜曲折的故事。

影響蕭勃在嶺南發展的一個關鍵人物，是後來成為陳朝高祖皇帝的陳霸先。陳霸先於大同初年受到吳興太守新喻侯蕭映的賞識，當蕭映被任命為廣州刺史，便將他一同帶到廣州擔任中直兵參軍，受命招集兵馬。陳霸先很快因平定地方不歸順勢力而升任西江督護、高要郡守。

不久後發生交州（今越南北部）土豪李賁的反叛事件，朝廷派兵鎮壓，演變成帶兵大員因瘴氣被迫停滯不進，軍士病死者眾而終致潰敗，反遭上奏舉報與賊寇串通而被賜死的歧出情節。其兒子、兄弟和麾下部將不服想要報仇，共同舉兵進攻廣州。梁廷征討李賁不成，衍生出自家相鬥。

陳霸先受命率領精兵三千快速馳援廣州，頻傳捷報，反逆者終於投降。他在這次戰役中立下首功，因戰功被授與直閤將軍，封新安子。梁武帝甚感驚異，命令畫工圖寫他的容貌，以便仔細端詳。

大同十年（西元五四四年）冬天蕭映過世，隔年陳霸先護送其靈柩回歸建康。李賁在交趾稱帝建國，陳霸先正送葬到大庾嶺，接獲詔書任命他為交州司馬，配合刺史楊㬭南向討伐。

陳霸先率軍從番禺（今廣東廣州）出發，與定州刺史蕭勃在西江相遇。蕭勃探知軍士們心怕遠征，為圖謀個人利益而暗中阻撓出兵。蕭勃雖官居定州刺史，其實是個虛位，因定州（於今河北）時為東魏領地，所以來到廣州發展。陳霸先向軍士嚴辭申明大義，堅定地指揮軍隊前進。

陳霸先等人所率領的征討大軍快速地在大同十一年六月開抵交州，歷經三年的艱苦作戰，於太清元年（西元五四七年）擒得李賁，予以斬首；翌年終於肅清叛賊，收復現今在北越全境的失地。陳霸先因戰功而被擢升為振遠將軍、西江督護、高要太守、督七郡諸軍事，成為嶺南地區極具實力的將領。

太清二年侯景造反，隔年攻破建康台城，陳霸先想要率兵前去勤王。太清三年（西元五四九年），廣州刺史元景仲圖謀舉兵響應侯景，想對付陳霸先。陳霸先組織義軍討伐元景仲，將其擊敗，迎請定州次史蕭勃占據廣州為刺史。那時湘東王蕭繹（後來的梁元帝）遠在荊州，對這項非朝廷任命的人事無力控制，只好先順了他們。

一波方平一波又起，有人煽惑始興等十幾個郡叛變，蕭勃命令陳霸先率兵救援，擒獲反叛首領，平定亂事，於是委任他管轄始興。陳霸先派遣部將帶兵二千人進駐南嶺，交結始興豪傑，共謀起義討伐侯景，獲得當地千餘人響應。

蕭勃只想先割據廣州，再謀求發展，並不支持與實力強大的侯景作對，便派人說服陳霸先放棄出兵。這是陳霸先北上爭霸的機會，他不為所動，祕密派人到江陵取得蕭繹的支持，受命為軍期節度。

當時，土豪蔡路養起兵占有南康。蕭勃派任心腹部將擔任曲江令，與蔡路養相互勾串，想共同阻止陳霸先的義軍。大寶元年（西元五五〇年）正月陳霸先自始興發兵，駐軍在大庾嶺；蔡路養也出兵駐紮在南野（於今江西贛州），抵禦陳軍北伐。陳霸先大破他的軍隊，蔡路養脫身逃竄，陳霸先進駐南康。

陳霸先繼續掃除其他妨礙北伐的勢力，於大寶二年六月從南康出兵，屢獲戰功。後來與蕭繹派遣的征東將軍王僧辯在湓城（今江西九江）會師，合力討伐侯景。隔年三月，在建康與侯景決戰，侯景敗逃，在海上為部下所殺。

蕭繹在王僧辯、陳霸先等各路將領勸進下，於大寶二年十一月即位於江陵，改大寶三年為承聖元年（西元五五二年）。承聖三年五月，江東已較平靜，梁元帝派任王琳為廣州刺史，將蕭勃改派晉州刺史。晉州在今山西，在北方胡人統治區域內，蕭勃這個新職可說是有名無實，於是暫時還居始興。不久後，西魏攻打江陵，殺害元帝，蕭勃乘機於隔年再次割據廣州。

王僧辯與陳霸先原本共同擁立蕭繹之子蕭方智為帝，但翌年五月北齊送回貞明侯蕭淵明，想扶植為梁朝的傀儡皇帝。王僧辯懾服於北齊軍勢，順從其請求，陳霸先苦勸不果。蕭淵明即位，改元天成，而以蕭方智為皇太子。

陳霸先以王僧辯背棄先帝之子為由，出兵聲討。九月，擒獲王僧辯，將他縊殺；接著廢黜蕭淵明，奉蕭方智即帝位，史稱梁敬帝，改承聖四年（西元五五五年）為紹泰元年。之後，陳霸先更擊退北齊的南侵，及剷平王僧辯的餘黨，晉封為陳公，獲賜九錫。

廣州刺史蕭勃在梁敬帝太平元年（西元五五六年）受封為太保、驃騎將軍。翌年，陳霸先自任為丞相，總攬朝政。蕭勃不滿，於是自廣州起兵，越過大庾嶺，駐軍南康，派遣部將分路進擊。朝廷出軍征討，蕭勃的軍隊節節敗退，諸將或遭擒或被殺；蕭勃等人在南康聽到兵敗消息，軍心潰散。三月，蕭勃向南逃亡，最後在始興被其部將倒戈殺害。

回頭說到承聖三年五月，蕭勃被改派虛職晉州刺史；當年秋天九月，蕭勃遷居始興。真諦剛好在這一年來到始興，獲得蕭勃的護持。真諦後來又從始興隨蕭勃度過大庾嶺到南康，應是在太平二年蕭勃起兵反抗陳霸先，將軍隊統領總部遷移到南康的時候。蕭勃護持真諦譯經與弘法，不表示他定是個有心奉法的虔誠教徒，也有可能出於宗教功德追求的功利心態。

真諦在始興前後停留了二年多時間。《歷代三寶紀．卷九》關於真諦的陳代譯作中錄有「《隨相論中十六諦疏》一卷」，附注「於始興郡出」。同書卷十一所列真諦從梁武帝末世到承聖年間所譯十六部經論中並未見到此本。這部論著應是在梁陳之交翻譯的吧！

《隨相論》是德慧論師的著述，真諦所譯出者是論中解釋「十六諦」的部分。論典中詳細解釋四諦十六行相，闡述因緣深義，以破除外道的我執。

對中國佛教界產生深遠影響的《大乘起信論》，相傳就是由真諦漢譯。《歷代三寶紀．卷十一》附注說《大乘起信論》是在陸元哲宅翻譯，時間與地點不無疑義。隋代法經等人所撰《眾經目錄．卷五》記載，他們看到的真諦譯經目錄中並未記錄這部論書，所以歸於「眾論疑惑」一項，並非就此判定這本論著是出自中國人的偽作；因為，如果判為偽作便會放在「眾論偽妄」項中。

揚州僧人智愷（慧愷）曾到廣州向真諦學習佛教論典；署名他所寫的〈大乘起信論序〉指出，這部論書是在承聖三年於始興郡建興寺翻譯完成，並列舉了助譯的幾位法師與蕭勃等重要人士。序文也記載，真諦在始興前後兩年時間，同時從事其他經論的漢譯與講解。譯經的時間、地點、人物都很具體。這篇序文是否智愷所撰遭到質疑，但序文中仍含有一些可靠的資料。（註六）

《大乘起信論》是融通如來藏與唯識學的體系性論著，與真諦的佛學思想具有某種相通之處。關於這部論書是否為漢譯的著述？若是在中國成立，其作者為何人？歷來對其翻譯問題的討論已聚訟紛紜，此論就留待討論真諦法師對中國佛教的影響時再行深究。

以上所述，是真諦在梁代末年侯景之亂直到梁朝滅亡為止，在南中國遊歷與譯經的種種示現。

【註釋】

註一：《魏書・釋老志》說：「興和二年春，詔以鄴城舊宮為天平寺。世宗以來至武定末，沙門知名者，有惠猛、惠辨、惠深、僧暹、道欽、僧獻、道晞、僧深、惠光、惠顯、法營、道長，並見重於當世。」

註二：梁武帝太清年號只到第三年，太清四年是依據《歷代三寶紀・卷十一》的記載。原因是蕭繹不承認侯景所立的傀儡皇帝，就繼續沿用太清年號至六年十一月；太清四年即是簡文帝蕭綱的大寶元年（西元五五〇年）。

註三：今本《決定藏論》並無「九識」一詞。唐．遁倫集撰《瑜伽論記．卷一》說：「此中景擬真諦師引《決定藏論》『九識品』立九識義，然彼《決定藏》即此論第二分，曾無『九識品』。備師又云：昔傳引《無相論》阿摩羅識證有九識。彼《無相論》即是《顯揚論．無性品》，然彼品文無阿摩羅名。」（《大正藏》冊四二，頁三一八上）。此文便已指出唐代所見的《決定藏論》並無「九識品」的文字。

註四：在日本發現的御物聖語藏的天平寫經中，保存有真諦譯《金光明經》第一卷及僧隱的序文。序文指出此經是在承聖二年二月二十五日於建康縣長凡里楊雄宅別閣道場請真諦翻譯，到三月二十日才完成。全經總共有七卷，是這部經典所有諸品的首度完整譯出。詳閱鎌田茂雄著，關世謙譯：《中國佛教通史．冊四》，頁四六，及頁七六至七七附註六。

註五：參閱印順法師，《以佛法研究佛法》（臺北：正聞出版社，一九九一）；頁二七〇至二七二。

註六：〈大乘起信論序〉有言：「值京邑英賢慧顯、智韶、智愷、曇振、慧旻，與假黃鉞大將軍太保蕭公勃，以大梁承聖三年歲次癸酉九月十日，於衡州始興郡建興寺，敬請法師敷演大乘，闡揚祕典示導迷徒，遂翻譯斯論一卷以明論旨，玄文二十卷，《大品》玄文四卷、《十二因緣經》兩卷、《九識義章》兩卷。傳語人天竺國月支首那等，執筆人智愷等，首尾二年方訖。」（《大正藏》冊三二，頁五七五上至中）。

這篇序文常被判定為後人偽作，但史家陳寅恪考證指出，這篇偽作序文中的年月與地理、官制掌故資料應是可信的。始興在梁代確屬衡州，若非當時人所記易生混淆；又，蕭勃的假黃鉞大將軍頭銜是佛教僧人很難知悉的朝廷制度。參閱陳寅恪：〈梁譯大乘起信論偽智愷序中真史料〉，收入《陳寅恪先生文史論集》。（香港：文文出版社，一九七二），頁五五至五九。

第五章　陳朝顛沛譯經

（陳武永定二年）還返豫章；又止臨川、晉安諸郡。真諦雖傳經論，道缺情離，本意不申。更觀機壤，遂欲汎船往棱伽修國。

陳霸先受梁朝末帝禪讓皇位建立陳朝後，共傳五位皇帝，國祚三十三年，實屬短暫。

南陳一代在南朝時期疆域最小，幸得長江為天然屏障，能偏安於江南。除陳廢帝、陳後主之外，幾位皇帝尚能用心治理國政，算得上是賢明君主。與先前三個朝代比較，陳朝政治情勢相對穩定，軍事實力則更難與北方抗衡。

陳朝的佛教文化處於侯景作亂之後的復原期，雖然復甦快速，但幾位皇帝事佛心態並不如梁武帝那樣熱衷投入，自是無法振興到梁朝時代曾經有過的榮景，也不及宋、齊二代的情況，只能說是梁代佛教發展的式微遺緒。

真諦法師在梁末周流各地，於艱苦情境中勉力從事佛典漢譯。當改朝換代的新氣象來臨，政治情勢稍安，他卻沒有回到都城建康，仍然在幾個地方遷移不定，隨緣傳譯與講解佛教經論。

最後，真諦想要泛海西航，卻遭業風漂至廣州，傳法因緣反倒轉佳，值遇故人而獲得有力護持，譯經事業呈現較大的開展，一群優秀弟子也於此時聚集過來，真諦所珍視的大部頭論典即在如此條件匯合之下得以譯出，譯文品質亦有長足提升。這是真諦翻譯佛典的最重要階段。

陳朝政權

陳霸先在廣州時期，就職級而言屬於刺史蕭勃的部將，但兩人之間存在某些矛盾。真諦與蕭勃關係友好，蕭勃支持其譯經活動；而從史籍文獻中，則找不出真諦與身為武將的陳霸先有所交集的線索。

陳霸先於承聖四年（西元五五五年）十月扶植梁元帝第九子蕭方智坐上帝位，自己掌握了朝廷實權，為日後正式稱帝鋪路。太平二年（西元五五七年）十月，蕭方智禪讓帝位於陳霸先，蕭梁一代正式由陳氏政權取代。在此之前，蕭勃已因判亂遭受殺害，真諦繼續流落在南康。

梁末一段期間，真諦跟隨蕭勃移轉陣地。蕭勃起義失敗被殺後，真諦困頓不安，僅於太平二年受南康內使劉文陀所請譯出《無上依經》二卷。真諦並非基於某種評估考量而在蕭勃與陳霸先之間做出選擇，只能說是命運的特殊安排，蕭勃有意願與餘裕對其譯經活動提供支持。

陳霸先登基為帝，死後廟號高祖，諡號武皇帝，即陳武帝。他登上皇位後改元永定，而於永定三年（西元五五九年）六月病逝，在位僅短短二年多。由於陳霸先與王僧辯之間的恩怨，隋朝大軍攻入建康後，擔任隋軍部將的王僧辯之子尋獲陳霸先陵寢，挖墳辱屍，最後燒成一把灰燼，令人不勝唏噓！

真諦於陳武帝在位的短暫時間中，先從南康返回豫章住在棲隱寺，未再繼續前去建康，然後南行到達臨川（今江西撫州）。在這兩處地方各隨因緣漢譯了一部唯識論典，都屬於《中邊分別論》的內容。

真諦在臨川停留沒有多久，便向東遠行到晉安（今福建福州），這是個靠海的城鎮。當時閩州（今福建）的開化程度較低，佛教不算盛行；真諦來到此地或許是為了躲避世亂，也有可能興起歸返海外的念頭。直到陳武帝逝世前，真諦在晉安順應居士的學法需求，翻譯了《正論釋義》與《立世阿毘曇》兩部佛典。

真諦因持續流轉各地，譯經與弘法不很順利，加上晉安當地學法者的道心不足，於永定三年生起歸去之心，想乘船前往位於現今馬來半島上的棱伽修國。經過道俗人士的苦苦相留，大眾發願要好好學法，真諦才繼續留在晉安教導他們。隨後主要與先前在梁朝結識的幾位法師修訂已翻譯出來的佛典文句。

陳武帝駕崩之際，其子陳昌正在北周作為人質，皇后聽從權臣安排，立陳霸先長兄之子陳蒨繼位，即陳文帝，改元天嘉。北周聞訊，釋放陳昌回國爭取帝位，未料在長江上船沉溺斃。

陳文帝在位六年多，消弭地方割據勢力，革除奢靡風氣，減輕賦稅傜役，有「天嘉小康」之稱。

陳文帝在位這幾年間，真諦的譯經生涯發生稍大幅度的變動。他於天嘉二年（西元五六一年）感覺在中國遷流無依，從晉安搭乘小船到梁安郡（今福建南安），想在那裡接駁大型海船前往西天。跟隨真諦學法的眾人又追趕到梁安，更勞駕太守王方奢出面相留；他只好暫時住腳梁安，但隨時備好行囊打算出海。

在天嘉二年到三年，他大概翻譯了《解節經》（《解深密經》異譯）與《金剛經》，並在譯經過程中為這兩部經典做出詳細的釋義。

然後，在天嘉三年九月，真諦在梁安搭上海船，航向西方。結果，他搭乘的船舶在海上遭遇暴風，因緣所牽，漂流回到廣州，反而逢遇護法善緣。此後他就一直停留在廣州，翻譯出《攝大乘論》、《俱舍釋論》等篇幅龐大的重要論典。

陳文帝離世後由長子陳伯宗於天康元年（西元五六六年）繼位，史稱陳廢帝。因陳伯宗年幼，仁厚懦弱，欠缺人君之象，朝政全由叔父陳頊把持，將幼帝作為操縱對象。

光大二年（西元五六八年），陳頊反叛廢去陳伯宗，降封他為臨海王，自立為皇帝，史稱陳宣帝，改元太建。宣帝在位十四年，勵精圖治，政局較為安定，鼓勵農業生產，經濟逐漸恢復。宣帝曾派軍北伐，一度從衰弱的北齊手中奪回淮南之地，最後仍敗於強盛崛起的北周，退回長江以南。

真諦是在太建元年（西元五六九年）正月圓寂，享年七十一歲。弟子們感懷師恩，開始將他所翻譯的經論傳向南朝各地，後來更往北地弘講，逐漸打開唯識義理的影響局面。

太建十四年（西元五八二年）正月宣帝駕崩，長子陳叔寶繼任為帝，史稱陳後主，在位七年。後主不問政事，酖荒酒色，最後為隋文帝楊堅的南下大軍所滅。隋文帝統一中國南北，結束四百多年的魏晉南北朝時代。

陳霸先自梁朝手中篡奪帝位，必須為自己統治天下之事證明其合法性，製造天地認可的祥瑞徵象，佛教與民間信仰具有可資利用的良好元素。他在即位次日就前往鍾山祭拜蔣帝廟，興許是想借助這座寺廟的靈力，祈求護國安民吧！

蔣帝廟又稱蔣王廟，奉祀東漢末年秣陵（今江蘇南京）縣尉蔣子文。蔣氏在漢末擔任秣陵縣尉，追逐賊寇到鍾山腳下，遭擊傷頭部，仍奮勇綑綁賊人，不久後殉職。三國時代曾多次顯靈，東吳孫權建都秣陵後，封他為鍾山神，並將鍾山改名蔣山，興建蔣王廟。南朝皇帝對蔣王神屢次封贈。南齊末年，崔慧景叛變進逼建康時，東昏侯冊封蔣王為假黃鉞、相國、大將軍、鍾山王等。蕭衍又尊他為靈帝，迎神像到後堂，由巫者向他祭祀祈禱。

不久，陳武帝又下詔迎出藏於杜姥宅的佛牙舍利，召集佛教四眾舉行無遮大會，武帝親自在皇宮前禮拜。傳說這顆佛牙來自烏纏國（即烏萇國，於今北印度），原本是北齊僧統法獻在于闐所得，一直保藏在鍾山上定林寺，後遭不明人士盜走。

保存在上定林寺的佛牙何以會從杜姥宅請出？法獻所得的佛牙確實是在上定林寺被盜走了，不知盜取聖物的目的何在。（註一）據傳，這顆佛牙到了梁武帝天監末年，由攝山慶雲寺沙門慧興保存，慧興臨終前囑託給其弟慧志。梁元帝承聖末年，慧志將佛牙祕密獻給陳霸先；等到陳武帝即位，才從杜姥宅將其請出。陳武帝一開始想到對佛教的利用，是以聖物出世來附會其天命的吉祥徵兆，為革命尋求正當性的依據。陳霸先在篡位前，或許已在謀畫相關事宜。

陳武帝出身江南吳興（今浙江長興）下層貧苦民間，勤讀兵書，鍛鍊武藝，明達時務，果敢決斷，但較缺乏文章博學的養成訓練。他雖然信奉佛教，而無法像梁武帝那樣通曉佛理，乃至全心奉行與護持佛教；他支持佛教的目的除了依靠佛教信仰以尋求心理安寧，想必更是為了追求功德，禳除災厄，以助鞏固帝王家業。他的許多奉佛行為只是在模仿梁武帝的佛教事業，但注入其間的精神意趣實為別異。

梁武帝對佛教義理多所鑽研，會看重像真諦這類通達經論的法師，也了知佛典漢譯的重要意義。陳武帝應該對佛法所知不深，陳代其餘皇帝似乎對佛理探求同樣不甚關注，加上身邊圍繞著一群漢地高層僧侶，因而不易意識到國土當中存在真諦這位卓絕的譯經大師。

陳代佛教

真諦並未獲得來自陳朝權力核心所給予的資源與舞臺。中國逐漸形成具自身特色的佛教語境，西來佛教僧人想在漢地開拓一番弘法事業，必須展現某種程度的入境隨俗，並與主其事者建立良好的互動關係。真諦未與陳朝高層多所連結，其原因並非單一，佛教文化環境也是一大變數。

侯景之亂使得佛教遭受巨大破壞，在陳朝政局稍為安定及帝王百官護持重興的情況下，佛教恢復得很快。然而，這種復原在精神氣象方面已大不如前，缺乏支持佛經翻譯及引進佛法新義這種格局。

魏晉南北朝佛教的研究名家湯用彤總結評述陳代佛教說：

> 陳氏一代，首以中國多故，南京僧寺誅焚略盡，帝王人民雖略事修復，然當仍不如梁時之盛。帝王獎挹名僧常有所聞，其行事仍祖梁武之遺規。永定二年五月辛酉陳武帝幸大莊嚴寺捨身。壬戌群臣表請還宮。十二月甲子又幸同寺，設無礙大會，捨乘輿法物。群臣備法駕奉迎，即日還宮。陳後主即位之年，亦在弘法寺捨身。是均效法梁武帝故事。至於高僧，亦因朝祚短促（僅三十三年），又值世亂，多湮沒不彰。（參看《續藏・義解篇論》）然陳世法朗之《三論》，真諦之《攝論》，以及智者大師之立教，均與隋唐思想有極重要之關係焉。（註二）

言雖簡要而涵蘊豐富的資訊內容。然而，陳朝對奉佛活動有所節制，其事佛規模與所耗費用遠不及梁代。

對於陳朝佛教界的教義與實踐需求而言，歷代佛典漢譯與鑽研修學累積下來的中國佛教義理資源儲量可說夠用了。當然，並不是說南方中國的佛教發展就此停頓，而是處在一個熟悉的教義平臺久了，僵固退化，才會再行引入創新的教理資源，或由內部醞釀而有突發性的跳躍。

陳代的政治與佛教文化大環境，並未向新的佛經漢譯提供多大的空間。南朝義學法師從事佛典的講解與注釋，某些既存漢譯經論已成為集體共識下的首選；尤其是鳩摩羅什所譯的大乘經典與中觀論書，蔚為一股佛學的主流思潮。像真諦所傳這種複雜細密而觀點新奇的唯識學說，短期內很難改變經由長久時間所形構的佛教義理趨勢。

在帝王奉佛事行方面，已形成相對固定的模式，梁代留下諸多儀禮範式可供仿效。陳武帝於永定二年（西元五五八年）五月到大莊嚴寺捨身，群臣上表勸請回宮；該年十月，再臨幸莊嚴寺講解《金光明經》的經題。同年十二月，又在大莊嚴寺舉行無礙大會，施捨自身及乘輿和法物；群臣準備車駕前去迎接，當日即返還皇宮。

無遮大會又稱無礙大會，可有多種形式。原為古印度祭祀天神的盛大法會，並進行平等布施，不限定任何對象，施捨一切物品。在佛教的情境，或專指招集十方僧眾、不限對象的四事供養法會。還有國主所舉辦，將自己的一切財寶、國土、妻兒子女、甚至自己本人布施給三寶，再由全體官員籌資向僧團贖回。南朝皇帝所實行者大抵屬於這一類。另有一種法義論辯的無遮大會，不設定門檻，任何論師均有資格參加。（註三）

在講經弘法方面，陳武帝在永定元年（西元五五七年）春天禮請安廩授戒，敕命住在鍾山耆闍寺，請他宣講佛經。永定二年，延請三論宗匠法朗入京住在興皇寺，講說《華嚴經》、《大品般若經》、《四論》文義等。永定三年，請寶瓊在華林園重雲殿講《大品般若經》。武帝也禮請曾向真諦學法的警韶入京供養，從他受戒。又，武帝曾在大莊嚴寺舉行仁王齋席，請慧乘與眾僧辯論法義。

陳武帝真正在位時間很短，政務與軍事方面仍存在許多應興應革的地方；大致襲用梁武帝的奉佛方式，而重在利用佛教，佛經翻譯尚不在他的選項之中。他也未如侯景那樣，沾染北方胡族風氣，為了宗教信仰目的而迎請印度僧人真諦到宮中供養。

陳文帝時代戰事逐漸平靜，佛教趨於欣榮。精通《成實論》的洪偃於天嘉初年（西元五六〇年）入京在宣武寺講經。天嘉四年四月，於太極前殿舉行無礙大會。天嘉五年，禮請大禪眾寺的慧勇在太極前殿大開法筵，匯集百官和佛教弟子聽講。文帝並且任命高僧寶瓊擔任京邑大僧正，管理佛教。

此外，文帝撰寫〈法華經懺文〉、〈金光明懺文〉、〈大通方廣懺文〉、〈無礙會捨身懺文〉等多篇懺文，可推知他在位之時經常舉辦這類法會。相較陳朝諸帝而言，文帝是位虔誠奉佛的天子，期望佛教誦經法會能帶來國泰民安。

陳廢帝在位期間較不尋常，幾座寺院遭遇雷殛，為不祥之兆。緊接著陳宣帝即位，他的事佛行為在《陳書》與《南史》等正史並不見記載，應該比較不重視信仰形態的盛大佛教活動。從佛教史籍中所見其涉佛事蹟，多有利於佛門素質的提升。

陳朝皇帝身邊常接觸到的僧人及朝中奉佛的官員，恐怕無人會向皇帝薦舉真諦，因為他們對真諦抱有瑜亮情結。有一事為證：真諦在廣州時，某些弟子想將他請回建康，有人竟然在朝廷上奏稱真諦所傳「唯識無境」之說「言乖治術，有蔽國風」。唯識學說在南朝一時還很難令人信解。

真諦在陳宣帝即位當月圓寂於廣州，但他所傳譯的唯識學說從這時開始，因弟子們矢志弘揚，逐漸在中國多地傳布開來；此後，進入其弟子接棒與陳朝佛教文化環境互動的時代。比起他們的老師真諦，弟子們與中國佛教界的交往與溝通能力更強，唯識佛學在幾個地點逐漸閃耀光芒。

宣帝重視佛門管理，下詔讓國內初受戒未滿五年者都到律寺學習，在都城大寺廣設講律道場，敕命律學大師曇瑗總監其事，明示僧人科試辦法。官方提供僧人衣食，以免他們為謀求生計而妨礙修行。曇瑗更網羅明解經義的法師二十餘人在京城弘教，匯聚三百多人聽講，帶動整體學法修行風氣。宣帝敕命曇瑗為全國僧正，住在光宅寺。

宣帝在北伐失利後曾想徵召僧人協助軍中運輸補給作業；楊都奉誠寺的大律都智文為護持正法，冒死進諫，宣帝應准而停止此事。智文曾在梁末避難到閩地，與真諦同在晉安，參與其佛典譯講，在當地弘法化俗頗有影響力，後來又去嶺南追隨真諦；只是，智文的佛學專業側重在戒律方面。

陳宣帝與天台智顗交誼深厚。太建元年（西元五六九年），陳宣帝的儀同沈君理請智顗在瓦官寺開講《法華經》經題，宣帝下令停朝一日，讓群臣前往聽講。太建七年，智顗想進天台山修行，宣帝下詔留人不許入山，但挽留不住。太建九年，宣帝下詔將始豐縣的租稅及兩戶人民勞役盡歸天台以充作僧眾奉養。太建十年，降下敕命為智顗修行的道場賜名「修禪寺」（即後來的國清寺）。

在延請僧人講經方面，陳宣帝於太建四年敕命精通《涅槃經》與《成實論》的慧晅住東安寺講經。太建十年下敕請慧弼於長城報德寺講說《涅槃經》與《法華經》，聽經者滿堂。太建十三年，智顗受請講《金光明經》，至〈流水長者品〉，悲憫濱海地區魚蝦多遭捕殺，設置放生池。沙門慧拔上表奏聞宣帝，下敕嚴禁於此池捕撈，並由國子祭酒徐孝克撰寫〈天台山修禪寺智顗禪師放生碑文〉。

佛教在中國扎根漸深，南朝漢籍僧人的義學實力增強，所說法義能投佛教社群所好，引領佛學思想潮流，外來僧人的教理傳譯在競爭優勢上已大幅縮小；在北朝佛教界的情況則非如此，他們對新譯佛典依然多所好樂。真諦所傳唯識佛學後來是靠著弟子們積極弘通，甚至傳講到北地，才慢慢打開局面。

真諦圓寂後，弟子們想推廣新譯出來的唯識佛學，一開始過程非常艱辛。《續高僧傳．釋法泰傳》指出，梁代佛教崇尚《大智度論》，兼習《成實論》；陳武帝異於前朝，推行《大品般若經》，且重視三論（《中論》、《百論》、

《十二門論》）。曾在廣州追隨真諦的法泰於太建三年回到建康，帶著《攝大乘論》、《俱舍論》等新譯經論，講說創新義理，當時的聽聞者感到驚異。雖然他弘講多次，卻無人接受，法嗣幾乎斷絕。此事揭示了唯識學說在南朝佛教圈初傳階段的孤寂處境。

陳宣帝駕崩，太子陳叔寶繼位為後主，他荒淫無度，對佛教較不感興趣，只是隨從時代奉佛風氣。陳後主在太建十四年（西元五八二年）四月設無礙大會於太極前殿。同年九月，又於太極殿舉行無遮大會，施捨自身與車乘、衣服，並大赦天下。至德三年（西元五八五年）十一月行幸長干寺，大赦天下。

陳後主即位當年四月就下詔：「僧尼道士，挾邪左道，不依經律，人間淫祀、袄書、諸珍怪事，詳為條制，並皆禁絕。」制定條例，要求佛教僧尼遵守戒律，禁止信奉邪教及參與宗教陋俗、怪力亂神等；並命令名字未載錄於僧籍的僧人全都還俗，對佛教似乎不很尊重。

真觀法師為此事致書僕射徐陵，慷慨陳詞，由徐陵連同〈與徐僕射述役僧書〉上奏，淘汰僧人之議始得廢止。

陳後主對智顗則頗為敬重，多次派遣使者到天台山迎請智顗下山弘法，第三度禮請時才獲得他的首肯，隨使者入京。到達京師，由後主親信官員親自到開陽門迎接，請智顗住在至敬寺，並整修靈曜寺作為其禪修道場。又請智顗在太極殿主持仁王法會，及在光宅寺開講《仁王經》。至德二年，釋智聚也奉勅於太極殿講《金光明經》，天子親臨法席。《仁王經》與《金光明經》都屬於護國息災的經典。

在南陳時代，這種漢地法師嶄露頭角、帝王奉佛模式已成慣例；在政治與佛教結合互動的佛教世界中，真諦這類傳譯與講授精深教理的西來法師不一定占有優勢。還有，像鳩摩羅什所譯的經論及某些流行的漢譯佛典，已成主導佛教義學與信行實踐的典範文本，也會壓抑新譯佛教經論的競爭實力。

最後，考察陳朝的譯經成績。法琳《辯正論》統計陳代有譯經僧三人、譯經十一部，其實真諦所譯經論就不只這個數目。真諦以外的兩位譯師，分別是中印度優禪尼國王子月婆首那、及扶南國僧人須菩提。

月婆首那先到東魏，再南下梁都建康，太清二年喜獲于闐僧人求那跋陀所贈《勝天王般若經》梵本，直到陳代天嘉六年（西元五六五年）才在江州（今江西九江）與業寺完成七卷經文的漢譯。

這部經典講述勝天王請問菩薩摩訶薩如何修學一法通達一切法的問題，佛陀回答般若波羅蜜的甚深法義。有人將這部新譯經本獻上朝廷，獲得陳宣帝的重視，撰有〈勝天王般若懺文〉，舉辦盛大法會。

須菩提於北周武帝（西元五六〇至五七八在位）時代來中國，活動情況不詳。他在楊都（建康）城內至敬寺為某位陳朝皇帝翻譯《大乘寶雲經》八卷。這是此經的第二次漢譯，與梁代曼陀羅所譯七卷《寶雲經》大同小異。這應是受到陳朝皇帝支持譯經的唯一經典。

《勝天王般若經》與《寶雲經》這類講述大乘菩薩行的經典會獲得陳朝皇帝的青睞，真諦所譯經論相對之下則較不討國家權力核心所喜。《般若經》、

《涅槃經》、《法華經》、《仁王經》、《金光明經》等經，廣宣菩薩利他的行動力，亦被解釋為具備消業致福、輔助教化的神妙功用；鳩摩羅什所譯的三論佛典，則可幫助解明這些大乘佛經的教理。反觀真諦所傳譯的唯識經論，義理複雜，並徹底否定心識以外諸法的存在性，觀點新異，不易打入南朝佛教知識分子的心靈。

唯識初來

真諦來到中國譯出許多印度瑜伽行派的經論，是唯識學說在漢地的首度系統傳譯；然而，一開始在南朝佛教圈的接受度並不高。在他之前與同時期，究竟有哪些唯識經論得到漢譯，是個值得探索的課題，藉以審視真諦時代唯識學說在中國南北的流傳情形，觀察他的譯經成果可在教理面向填補哪些空白。

北涼．曇無讖所譯的《菩薩地持經》十卷，約於西元四一三至四二六年間在敦煌或姑臧（今甘肅武威）翻譯，及劉宋．求那跋摩於元嘉八年（西元四三一年）在建鄴（建康）祇圓寺所譯的《菩薩善戒經》九卷，都屬於《瑜伽師地論》之〈菩薩地〉的異譯本。這部論書闡述菩薩修行道理，而未涉及唯識學的八識教義；其中言及「性種性」、「習種性」二類覺證菩提的因性，是瑜伽行派的重要觀點。

劉宋時來華譯經的求那跋陀羅，中天竺人，元嘉十二年（西元四三五年）到達廣州，在中國留居三十多年。他在元嘉二十年於建康道場寺漢譯《楞伽阿跋多羅寶經》，由慧觀筆受。這部經典涉及如來藏與阿賴耶識的融合思想，及深刻的禪觀心行，對中國佛教思想的發展有所影響。

求那跋陀羅又於東安寺譯出《相續解脫經》與《第一義五相略》。《相續解脫經》相當於玄奘所譯《解深密經》的後二品；《第一義五相略》說三轉法輪，應是該經〈勝義諦相品〉到〈無自性相品〉的略譯。《相續解脫經》應非依照經本譯出，而是自《瑜伽師地論．攝決擇分》所引經文輯錄出來漢譯的。

（註四）關於《解深密經》與〈攝決擇分〉，真諦在梁末翻譯《決定藏論》，在陳代譯出《解節經》。求那跋陀羅的譯經活動早了真諦約一百年。

在真諦之前來華而譯出印度瑜伽行派經論最多者當為北魏的菩提流（留）支，據《歷代三寶紀．卷九》所載，他一共譯出三十九部經論；《開元釋教錄．卷六》則將其譯經確定為三十部。

菩提流支是北印度人，北魏永平年間來華，自永平元年（西元五〇八年）到東魏天平二年（西元五三五年）近三十年間，在洛陽與鄴都漢譯出三十幾部經論，譯經時間早於真諦約五十年。當時李廓受敕撰寫《眾經錄》，提及菩提流支房中約有萬匣梵本。

菩提流支所譯有關無著與世親所作的經典注釋，包括：《金剛般若波羅蜜經論》三卷，世親造（或言無著造），永平二年於胡相國宅譯出，真諦也有《金剛經》及其釋義的傳譯。《妙法蓮華經論》二卷，世親造，曇林筆受並作序。勒那摩提於正始五年（西元五〇八年）在洛陽開譯此論，菩提留支協助傳語，後來各別獨立譯經。這是印度《法華經》注釋書僅存的一種，透過漢譯流傳下來。

《十地經論》十二卷，世親造，永平元年四月於太極紫亭譯，宣武帝親自筆受，後來交由僧辯等負責，到永平四年夏天始漢譯完畢，崔光作序。此論解釋《十地經》（《華嚴經．十地品》單行本），依照菩薩十地結構分為十品（初品有三卷），將經文分段而隨文注釋，其中涉及「阿黎耶識」的理解問題。

其他尚有《無量壽經優波提舍願生偈》（《往生論》）一卷，世親造，永安二年（西元五二九年）譯出。此論要點是發願往生彌陀國土，修禮拜、讚歎、作願、觀察、迴向「五念門」。《彌勒菩薩所問經論》九卷，應為世親之後的瑜伽行派論師所作，於洛陽趙欣宅譯出。《勝思惟梵天所問經論》四卷，世親造，普泰元年（西元五三一年）於洛陽元桃陽宅譯出。《文殊師利菩薩問菩提經論》（《伽耶頂經論》）二卷，世親造，論述四種發菩提心，東魏天平二年（西元五三五年）在鄴城般舟寺譯出。

至於菩提流支漢譯的瑜伽行派主要經典，包括：《入楞伽經》十卷，延昌二年（西元五一三年）譯。《深密解脫經》五卷，延昌三年於洛陽譯出。二經都是瑜伽行派的重要經典。《楞伽經》中講述三自性、八識、二無我等重要唯識學概念，並融通阿賴耶識與如來藏。《深密解脫經》解說諸法唯識、一切種子心識（阿陀那識、阿梨耶識）、三性三無性、三時判教等重要唯識學觀點，真諦所譯《解節經》便對應於《深密解脫經》初品的部分。

據《金剛仙論．卷十》之說，菩提流支應是世親的四傳弟子。菩提流支雖然漢譯了《入楞伽經》、《深密解脫經》及世親的許多經典注疏，對瑜伽行派之核心唯識論典的傳譯則付之闕如。在這方面，真諦的翻譯貢獻顯然要大於菩提流支。

菩提流支的譯作中以《十地經論》對中國佛教影響最大，許多義學僧人因研究此論一些議題而形成地論學派。例如，卷八說到「三界虛妄，但是一心作」、「常應於阿梨耶識及阿陀那識中求解脫」，卷十則提及「善住阿梨耶識真如法中」等。然而，對於阿梨耶識與阿陀那識的內容，此論並未給出具體說明，留下很大的討論空間。

中天竺人勒那摩提原本與菩提流支合作翻譯佛典，見解常有不合，後來分開譯經。而兩人各別所譯的同名佛典，如《十地經論》、《法華經論》等，內容只差幾個字，仍應屬於共同翻譯，《開元釋教錄》通常判在菩提流支名下。

勒那摩提所譯經論中最特別者是堅慧所造（或云無著作偈、世親作釋）的《究竟一乘寶性論》，論說一切眾生有如來藏、自性清淨心等佛性思想。真諦關於佛性思想的譯著，是世親所造的《佛性論》，二書在思想上有重要關聯。

達摩菩提譯出《涅槃論》（《大般涅槃經論》）一卷，世親造，翻譯朝代不詳。這本論書解釋大乘《大般涅槃經》，將全經判為七個科目，然後對經中〈壽命品〉「迦葉菩薩所問偈」及佛陀的解答擇要注釋。真諦相關於《涅槃論》的譯作是《涅槃論本有今無偈論》，所解釋經文的部分與《涅槃論》有異。

佛陀扇多於北魏普泰元年（西元五三一年）在洛陽譯出《攝大乘論》二

卷，無著所造。佛陀扇多是北天竺國人，北魏宣武帝時來華，常輔助菩提流支與勒那摩提譯經。他從北魏正光六年（西元五二五年）到東魏元象二年（西元五三九年）間在洛陽白馬寺與鄴都金華寺共譯出經典十部十一卷。這部譯作是《攝大乘論》最早的漢譯本，對大乘的「十種勝妙」做出系統闡釋。三十餘年後，真諦在廣州也譯出《攝大乘論》，更有詳細釋義。

《業成就論》一卷，世親造，東魏興和三年（西元五四一年）七月，北天竺烏萇國人毘目智仙與瞿曇流支、釋曇林等在鄴城內的金華寺傳譯。這是玄奘譯《大乘成業論》的異譯本，以身口意三業為主題，站在大乘唯識學的立場，批判聲聞部派有關業的各種觀點。

《轉法輪經憂波提舍》一卷，世親造，東魏興和三年毘目智仙及其弟子瞿曇流支在鄴城內金華寺漢譯。這本注疏解釋佛陀成道後在鹿野苑為五比丘初轉法輪的深層意趣，在四諦三轉十二行相的意義上，加入菩提心、空性等大乘觀點。真諦曾譯《轉法輪義記》，但已佚失，不知是否相關。

《唯識無境界論》一卷（亦云《唯識論》），世親造，瞿曇般若流支在鄴都漢譯。瞿曇般若流支是南天竺國波羅㮈城婆羅門，從東魏元象初年（西元五三八年）到興和末年（西元五四二年）間於鄴都翻譯《正法念處經》等十四部八十五卷。這本是玄奘所譯《唯識二十論》的異譯本，以「唯識無境」為主題，破斥外教、聲聞部派所執的心外定有實境的各類主張。真諦所譯《唯識論》內容與此相近。

《順中論》二卷，全名《順中論義入大般若波羅蜜經初品法門》，無著造，瞿曇般若流支於東魏武定元年（西元五四三年）八月漢譯。這部注疏是無著解釋龍樹《中論》初品〈觀因緣品〉的著述，內容重點包括般若波羅蜜的無自性空義、離戲論、八不中道、不生、二諦等。真諦曾譯《中論》一卷，已亡佚，內容不可得知。

在真諦的時代，瑜伽唯識佛教的核心經論在中國僅見零星的譯介，為他的佛典漢譯事業留下廣闊空間，能為漢地引進印度佛教的新思潮。儘管如此，佛教大環境存在著重大變數，使其翻譯事工不易順利展開。

東晉南北朝時代瑜伽行派相關經論的漢譯，除了求那跋陀羅傳譯《楞伽經》與《深密解脫經》、求那跋摩翻譯《菩薩善戒經》是在建康譯出者外，其餘都是在北朝的洛陽和鄴城翻譯，唯識學說在南方佛教圈的能見度並不高。《楞伽經》對中國佛教的最大影響是在心地法門面向，而非其八識、三性等唯識觀點。

真諦一直身處南朝地域漢譯與講解佛教經論，唯識義理在南中國的發展性實不及北地。瑜伽行派佛典在北朝弘傳最盛者是《十地經論》；由於對此論阿梨耶識為染為淨的不同取捨，形成地論師的北道與南道二系，後來更啟發華嚴宗的思想建構。真諦所譯《攝大乘論》逐步傳到北地，也引起很大的迴響。

唯識學經論在中國南方的鮮少傳譯，對真諦來說既是機會也是挑戰；如何讓漢地佛教人士理解與接受精深複雜的唯識教理體系，仍是亟待努力開拓的佛法傳弘事業。真諦確實新譯出許多前人未譯的唯識經論，而它們在漢地的影響力並非立即發生，有待時間的醞釀。

漂泊歲月

陳朝建立後，真諦似乎缺乏管道與朝廷政權建立良好的連結關係，依然在江南各地顛沛流離，勉力從事佛經的漢譯與講說。陳朝皇室對佛經譯業並無太多興趣，他們需要的佛教形式主要是護國安民的三寶神力加持，及對社會教化的輔翼功用，這些面向並非真諦這種外來義學僧人的強項。

經過幾代佛教知識分子的努力，到了南北朝時代，中國佛教界對佛教經論法義的學修模式，已從消化期轉換為吸收期。擁有眾多優質的漢譯經論作為掌握佛法的依據，中國本地名僧大德在佛法的理解與詮釋方面已成氣候。他們所習得的經論教理、止觀行法，及對戒律的了解與持守，應足以滿足佛教信眾的學法與修行需求。中國佛教正邁向打造自家佛教思想與實踐體系的階段。

南朝佛教圈逐漸形成共識的法義研究與論辯取向，《般若經》、《涅槃經》、《法華經》、《維摩詰經》、《勝鬘經》、《金光明經》等，是居於主流的經典。在論典方面，鳩摩羅什傳譯的《成實論》、四論（《中論》、《百論》、《十二門論》、《大智度論》），以及其他譯師漢譯的有部阿毘曇等，普遍獲得佛教學人的注目。

佛教在中國這片土壤上穩定地生根茁壯，新傳譯進來的佛典，除非所論議題碰觸到重要的佛教義理空闕與需求所在，否則難以吸引佛教社群的集體目光，從而促發對佛教思想的激盪。真諦所傳唯識佛學的重要思想意義，在缺乏國家權力中心的支持下，一開始僅為少數慧眼獨具的佛教學人所發現。

真諦本傳記載「逮陳武永定二年七月，還返豫章。又止臨川、晉安諸郡。」真諦是在始興遇到蕭勃，梁末太平二年（西元五五七年）二月隨蕭勃到了南康；到陳武帝永定二年（西元五五八年）七月為止，大約在此地停留了一年五個月的時間，然後動身返回豫章。可能在豫章停留不久，又出發前往臨川，最後遠行至晉安。

真諦一行攜帶沉重的貝葉佛經，有侍者與僕使多人，加上翻譯佛經需要聚集優秀助譯人才，衣食住各方面都需人供養，必須找到有力的護持者。於戰亂棲惶狀態中，在始興遇到刺史蕭勃，接受他的贊助，並跟隨他移轉軍政據點。然而，蕭勃卻成為反叛集團的首領，與陳朝開國元君陳霸先針鋒相對，最後遭致誅殺厄運。心繫於譯經弘法的真諦始料未及，無端被捲入一場政治風暴，此事或許影響到他日後與陳朝當政者的關係。

真諦滯留南康這段期間，譯經情況並不順利，護持者蕭勃的叛變行動及戰敗身亡，嚴重干擾了真諦的佛典傳譯活動。依《開元釋教錄．卷六》所提供的細部訊息，只有《無上依經》二卷是太平二年因應南康內使劉文陀所請，於當地淨土寺譯出。《無上依經》屬於如來藏系的經典，經中宣揚如來界性的圓滿功德不可思議，作為終極所依，並講述了供養佛塔、雕造佛像的殊勝利益。

真諦首席弟子慧愷於〈攝大乘論釋序〉云：「末至九江及遊五嶺，凡所翻譯卷軸未多；後適閩越，敷說不少。」記述真諦在南康還沒有回到豫章的這段期間，翻譯出來的經論極少；等到返回豫章，而後從豫章輾轉到了臨川、晉安等地，譯出的佛教典籍就稍微多了，尤其是最後的廣東譯經階段。

真諦回到豫章是在永定二年的七月，豫章的地理位置可就近連結長江，順流而下可通往建康。然而，他與陳武帝之間本就缺少連結，更何況有蕭勃事件這層芥蒂。真諦並無機緣前去建康尋求陳朝皇帝對其譯經的支持。

此年正月，蕭勃舊有部將王琳起兵攻打陳朝，戰事波及湓城（今江西九江）、豫章、臨川等地。七月王琳戰敗，八月退回湘州（治所在今湖北大悟），情勢暫時安定下來，這是真諦返回豫章的時間點。然而，永定三年（西元五五九年）十月陳武帝病逝，王琳再度起兵；直到天嘉二年（西元五六一年）二月，王琳兵敗逃往北齊。

真諦這時在豫章栖隱寺譯出《大空論》三卷，應是指《十八空論》；不過，從隋代《眾經目錄》開始，都將真諦所譯的《十八空論》注記為一卷。現存

《十八空論》相當於《中邊分別論》之第一〈相品〉解釋「十八空」之處，及第三〈真實品〉「唯識真實」部分注釋文句。三卷本當指完整的《中邊分別論》。

真諦停留豫章的時間應當不長，之後又南向轉到臨川，譯出《中邊分別論》三卷（或說二卷），論述遠離二邊以修行中道的道理，涵蓋唯識學的三性、三無性、二諦、轉依等主題。《大唐內典錄．卷五》有附注「并疏三卷」，或指真諦翻譯時的講解記錄。在臨川也譯出《唯識論文義》（現今不存），經錄標注「與元魏般若流支譯者小異」，若是這樣就相當於《唯識二十論》講唯識無境的內容。

思歸南海

豫章距離臨川有一百二十多公里，臨川到晉安則約四百六十公里，真諦基於什麼理由要遠行到晉安這處濱海地方？是到晉安躲避戰亂？還是此地可找到有力的護持者？想深入了解此事，有必要考察當時晉安的地理文化環境。再者，這是一處位於海濱的城市，大海引發了諸多想像。

真諦應是在永定二年（西元五五八年）就已抵達晉安，考量臨川到此地四百多公里的行路時間，還有他在永定三年即完成《正論釋義》五卷及十卷《立世阿毘曇》的漢譯，這些都需要一段時日。數年後，他在天嘉三年（西元五六二年）乘船出海，卻遭遇風暴而漂流至廣州。

當時的閩中地區，是在閩州刺史陳寶應的割據統轄之下。陳寶應的父親陳羽本是閩中土豪勢力，在梁時憑藉權謀掌控了晉安一郡的兵權。侯景興亂期間，陳羽用武力逼走晉安太守賓化侯蕭雲，自任為太守；因年老，只掌理郡內政務，讓陳寶應統領兵權。梁元帝正式任命陳羽為晉安太守。陳霸先輔政梁廷時，陳羽請求歸老，奏准將太守之職傳給陳寶應。

陳霸先建立陳朝，改元永定，同年設置閩州，授陳寶應為閩州刺史。陳文帝繼位，為安撫地方割據集團，於天嘉元年（西元五六〇年）晉升陳寶應為宣毅將軍，並將陳氏一族編入宗室譜籍，其子女不論大小都獲得封爵。然而，陳氏父子並不願與朝廷合作；為了鞏固對閩中的統治，與占據東陽（今浙江金華、衢州一帶）的留異、臨川的周迪結成聯盟。

自天嘉元年起，陳文帝開始想要削弱地方割據勢力。天嘉三年，派遣侯安都領軍攻打留異，陳寶應出兵支援；留異兵敗，父子投奔閩中。同年，陳朝又派吳明徹率軍攻打周迪，陳寶應同樣資助兵糧，周迪戰敗後亦來依附。文帝大怒，天嘉四年派章昭達與余孝頃率軍由海陸二路進攻閩中。陳寶應最後大敗，逃竄被捕，連同全家子弟二十人被押送都城斬首。

西晉八王之亂，有些漢人南遷閩地。梁末大亂，建康等地殘破凋敝，又有許多漢人湧入此地。這是一個文化開發較晚的區域，是漢族與蠻族文化交融之地，陳寶應家族就是與蠻族結合的土豪。南陳時閩中佛教傳播不盛，多是移居此地的漢族人士帶進佛教信仰。

晉安位處閩江口，有小型船隻可向北通到浙江沿海，從事商品交易；向南還可連結梁安郡的海港，轉搭大型商船前往南海諸國。真諦來到晉安或許也懷抱西行返歸的目的，後來確實由此地出海。

真諦流轉各地，隨處譯經說法，永定二年在晉安佛力寺譯講了《正論釋義》五卷，可能是《寶行王正論》（一卷，未詳譯經年代）或《正論道理論》（一卷，已佚）的講解記錄。真諦通常在譯經同時講解義理，而且釋義篇幅很大。《寶行王正論》是中觀學派鼻祖龍樹傳授寶行王應當如何修行大乘正法的偈頌集，包含福慧雙修、六度菩薩行等內容。

真諦在永定三年漢譯了《立世阿毘曇》十卷。《歷代三寶紀》與隋代《眾經目錄》都只標注「永定三年出」，《大唐內典錄·卷七》加上「陳真諦於始興郡譯」。晉安到始興有七百多公里遠，真諦於一年內至始興翻譯十卷論書再趕回晉安實不合理，始興翻譯之說可能是誤記，譯經地點應在晉安。《立世阿毘曇》又名《天地記經》，屬於正量部的論書，解說佛教的宇宙觀，詳論有關世界的成立與構造、各道眾生及其生存環境的具體情況。

從真諦在晉安所傳譯的佛典來看，尤其《立世阿毘曇》篇幅不小，在講述世界的構成樣貌及有情類的存在狀態；《正論釋義》若是解釋《寶行王正論》，則為教導國王大乘修行方法，大抵是為了適應晉安在地學法者的需求，唯識經論的理趣則嫌於深奧。

真諦在晉安翻譯與講解經論，但當地人士缺乏學習佛法的道心，真諦傳揚經論的期望難以落實，因此興起了乘船前往棱伽修國（狼牙修國）弘法的念頭。狼牙修國是馬來半島上的一個印度化古國，信奉婆羅門教的濕婆神一派，佛教也在當地流行；真諦從印度前往扶南之間，可能去過那裡。

然而，經由晉安的出家與在家二眾極力挽留，甚至發誓要好好修學，真諦推辭不了，於是繼續停留在南越（晉安），與梁朝舊識諸人重新檢閱已經翻譯的經論文字，將其文義修訂得較為通順及使前後意旨貫通。這段傳記敘述反映出，真諦在陳朝的弘法境遇不是很好，並未結識多少學法者與護持者。

佛典翻譯與弘傳的事業無法順利展開，讓真諦有漂泊異域、猶如浮萍無根的感慨。某日，他付諸行動，搭乘小船到梁安郡，想轉換大船返回南海和印度。學生們追上了他，輪番慰留，情意懇切；梁安太守王方奢重申大眾的真誠心意，再度懇請他留下來說法利益眾人。真諦這次又順了大家，暫時止住海岸城鎮；然而，依然把行裝收拾妥當，隨時準備出發遠航。

真諦在梁安郡停留時期又譯出兩部佛典。唐代圓測《解深密經疏．卷一》提及，依《真諦翻譯目錄》，真諦於天嘉二年（西元五六一年）在梁安建造寺翻譯《解節經》一卷，《義疏》四卷。對比菩提流支所譯五卷《深密解脫經》，《解節經》相當於該經第一卷中第一品到第五品這部分。

又，據真諦所譯《金剛般若波羅蜜經》後面的跋文所述，這本《金剛經》是受太守王方奢所請，於元嘉三年五月至九月間在梁安的建造伽藍重譯。漢譯時比對梵文經本及參照世親的《金剛般若經論釋》，以求文義準確，譯出經本一卷、文義十卷，世親的《論釋》可能也在這時一併譯出。王太守發願造經一百部流通，並推行十次講經活動。

真諦在梁安譯經的建造寺，在北宋時改名為延福寺。北宋端拱年間（西元九八八至九八九年）曾會所撰〈重修延福寺碑銘〉提及天竺僧人拘那羅陀（真諦）在梁代經由海路來中國，途經此寺，將梵本《金剛經》進行文義正確明晰的漢譯。現今泉州九日山西峰有翻經石，相傳真諦就在這片岩石上傳譯《金剛經》。真諦在梁安建造寺翻譯經典的故事，是泉州「海上絲綢之路」的最早文字記載。

真諦憧憬梁武帝所營造的中國佛教世界，具足良好條件得以傳揚他在印度所學的瑜伽唯識、如來藏之學，能廣利有情，欣然從扶南渡海前來。即便身陷戰爭亂世，在艱難狀態下仍能堅持譯經與弘講而不輟，實為求法與弘法的表率。

精深佛教經論的翻譯與解說需要護持充足的安穩環境，及襄助譯經的優秀人才，烽火紛起的嚴峻情勢使得這些條件難以湊合，真諦有時不免感到挫折，想離開中國另擇良木；此舉非為尋求個人安樂，而是顧慮佛法精義的傳續問題。真諦與中國佛教的因緣畢竟深厚，將其人生後期階段獻身於佛典漢譯與教理講解，成就唯識佛學在漢地的首度系統弘傳。

【註釋】

註一：《高僧傳．釋法獻傳》說：「獻於西域所得佛牙及像皆在上定林寺。牙以普通三年正月，忽有數人並執仗，初夜扣門，稱臨川殿下奴叛，有人告云在佛牙閣上，請開閣檢視。寺司即隨語開閣，主師至佛牙座前，開函取牙，作禮三拜，以錦手巾盛牙，繞山東而去。至今竟不測所在。」（《大正藏》冊五〇，頁四一二上）

註二：參閱湯用彤，《漢魏兩晉南北朝佛教史》（北京：北京大學出版社，二〇〇二），頁二六九。

註三：唐代法藏《華嚴經探玄記．卷八》說：「設大施會者是無遮大會，種種皆施，謂不限物、不局時、不遮眾，無前無後，等施一切故也。」（《大正藏》冊三五，頁二六三中）《大唐西域記．卷十一》：「每歲恒設無遮大會，招集四方僧徒，修施四事供養，或以三衣道具，或以七寶珍奇。」（《大正藏》冊五一，頁九三五下）《大唐西域記．卷一》：「其王每此設無遮大會，上自妻子，下至國珍，府庫既傾，復以身施，群官僚佐就僧酬贖。」（《大正藏》冊五一，頁八三七中）唐代窺基《因明入正理論疏．卷二》說：「時戒日王王五印度，為設十八日無遮大會，令大師立義，遍諸天竺，簡選賢良，皆集會所；遣外道小乘，競申論詰。」（《大正藏》冊四四，頁一一五中）

註四：參閱印順法師，《印度佛教思想史》（臺北：正聞出版社，一九八六），頁二四二。

第六章　嶺南唯識譯業

初諦傳度《攝論》，宗愷歸心。窮括教源，銓題義旨；遊心既久，懷敞相承。諦又面對闡揚，情理無伏。

真諦原本想要搭乘海船前往現今馬來半島上的棱伽修國，經道俗人士懇切勸請而留在梁安郡（今福建南安）。那裡有座海港，可藉由大型商船航向南海（今南洋地區），再繼續前往印度。由於真諦很長一段時日在南朝各地遷徙寄居，譯業蹇困不順，他的內心不免有所挫折；畢竟生命有限，不容蹉跎，常想離開中國，出海尋求法緣相契的土地。

陳文帝天嘉三年（西元五六二年）九月，真諦不告而別，搭上西行出航的商船；無奈為宿命業風所吹，航程中途出了嚴重狀況，在十二月間漂流回到了廣州，真諦重新踏上南海郡（今廣東廣州）的土地。

無緣歸去，反而在廣州成就了譯經生涯當中最重要的功績，為其所傳唯識佛學未來在中國的開展埋下種子，並且生根發芽。

廣州善緣

真諦在廣州上岸後，廣州刺史歐陽頠得知消息，趕忙將他迎請到制旨寺，其後更鼎力護持其新譯經論的佛門大業。歐陽頠與真諦稱得上是舊識，在蕭勃時代同在始興，共去南康，因緣如此巧合。

制旨寺就是今天的光孝寺，應名為「制止寺」。光孝寺在歷史上曾有多個寺名，最早的名稱與「王園寺」有關。這座寺院所在地點原為南越王故宅，三國時虞翻遭貶謫徙居於此地，死後家人捨宅為寺。東晉隆安年間（西元三九七至四〇一年）罽賓國沙門曇摩耶舍東遊中國，在此處創建「王苑朝延寺」，又稱「王園寺」。

劉宋永初元年（西元四二〇年），印度僧人求那跋陀羅在這裡創立戒壇，而為「制止道場」，「制止」有戒律持守的意義。王園寺這時就析分為王園、制止二寺。兩寺在唐初改為乾明、法性二寺，隨後又歷經數度更名，大概在晚唐時合併為法性寺。

費長房在隋代編撰《歷代三寶紀》時，看到記載真諦生平的資料中先言他在制旨寺譯經，中間離開一段時間，晚年又被迎到王園寺，便將它們視為兩座不同寺院。那個時代確實有兩寺的區分，但屬於同一個寺院群落。

廣州在中國佛教譯經史上是個特殊的地點，有「濱海法庫」之稱，由海路而來的外國僧人通常選擇以廣州為首站。上岸之後，可能先停留於此地寺院進行整備，再轉往他地；要從廣州出海，則先入住此地寺院，等候季風吹向的轉變，船隻才會啟航。王園寺（制止寺）的創建即與西來僧人有關。梁武帝普通八年（西元五二七年），菩提達摩來到廣州，在城外珠江北岸構築西來庵，清朝時改為華林寺。

劉宋時代廣州建有寶莊嚴寺，即今日六榕寺前身。相傳，梁朝大同三年（西元五三七年）僧人曇裕在此寺建塔供奉佛舍利。傳說久了，變成他奉皇命前去真臘（應為扶南）求請佛舍利，返回廣州時因病滯留寶莊嚴寺，上書向皇帝請求住在這個寺院；皇帝下詔恩准，並分出一些舍利讓他在此寺築塔供養，以求福報。梁武帝是在大同五年派人出海往扶南迎請佛髮舍利，後來沒有下文。這個建塔故事也許含藏了其中一些祕密。當年，扶南迎請佛髮舍利的事件，是真諦來華的一大外緣。

作為中國與印度、南海文化交流的前沿地區，廣州對印度佛教的新出經典接受度高，有些西來僧人就停留在這個海港城市漢譯佛經；齊朝七位譯經僧當中，便有三位是在廣州翻譯經典的。真諦的情況比較特殊，他原本在江南各地翻譯經論，處境甚不順利；想乘船西去而漂來廣州，反而遇到殊勝的贊助善緣。真諦在廣州譯經與講經，吸引來一批優秀的學問僧人，使此地成為當時南方中國的譯經中心。

真諦在廣州巧遇的大護法歐陽頠，其祖上為長沙世代豪族，年輕時將家中財產全都讓給兄長們，自己到麓山寺旁結廬專心讀書，廣博通曉經史典籍。三十歲時，被兄長逼著出來做官。他在南梁時代隨左衛將軍蘭欽征討嶺南、交州，累積不少軍功。蘭欽過世，又為衡州刺史袁粲所看重，受命平定不順服的眾多地方土族，及討伐廣、衡二州的山賊。

侯景作亂，袁粲自行解任回京討伐侯景，將衡州（治所在今廣東英德）交給歐陽頠監管。始興（今廣東韶關）發生動亂，叛軍攻打歐陽頠之時，蕭勃派陳霸先馳往救援；平定後，由歐陽頠擔任始興內使。陳霸先要率軍前去建康勤王，將到始興時，歐陽頠與他結交。陳霸先平定南康（今江西撫州）的蔡路養等人，歐陽頠也派兵越過大庾嶺去助陣；他和陳霸先已建立友好情誼。

侯景敗亡以後，梁元帝蕭繹刻意派任歐陽頠擔任郢州（州治在今湖北武昌）刺史，想讓他離開廣州，不受刺史蕭勃的節制。蕭勃不肯放人，這是意料中事，所以改封歐陽頠為衡州刺史、始興縣侯。

蕭勃在廣州位重兵強，梁元帝深感憂慮，在機會合適之時改派王琳取代蕭勃為刺史。蕭勃不想直接與王琳兵戈相向，留下一個部將占據廣州，自己率領所有部屬到始興去。歐陽頠據守另外一城，既不拜謁，也不拒戰。蕭勃大怒，派兵攻擊歐陽頠，奪去他的財貨兵馬；後來又釋放了他，與他結盟。就時間上來看，真諦在始興時就與歐陽頠結識，一人受蕭勃供養，一人為蕭勃麾下強將。

西魏攻破江陵，梁元帝被俘受害後，歐陽頠歸附了蕭勃。當蕭勃反叛時，度越大庾嶺以南康為據點，派歐陽頠擔任前軍都督，北伐聲討陳霸先。歐陽頠在豫章（今江西南昌）的苦竹灘被周文育擊破，擒送到陳霸先面前，陳霸先釋放了他，並頗為善待。

歐陽頠兵敗，造成蕭勃的南康陣營人心惶惶，其後發生部將倒戈殺死蕭勃之事。

歐陽頠人格磊落，深通經史學問，做人講求道義，十分信守承諾。有交州刺史曾向他祕密託付大筆金錢，部分要償還給某太守，其餘留給自己兒子，無人知悉此事。歐陽頠被蕭勃攻破之時，錢財喪失殆盡，只剩下託交的黃金。那位刺史不久後過世，歐陽頠依照約定將金錢還給他們，當時知曉此事的人無不讚歎佩服。陳霸先欣賞他有「匡濟之才」，並且以禮相待，加以重用。

蕭勃叛亂結束以後，陳霸先考慮歐陽頠在嶺南的聲望，兩人並有舊誼，於是派他前去平定廣州。他不負所望，收復今天的廣東、越南諸地，官拜鎮南將軍、廣州刺史，陳文帝又晉封他為征南將軍、陽山郡公。

真諦於陳文帝時因海難漂來廣州，歐陽頠正當榮顯之時，地方局勢安定。歐陽頠具有佛門善根，非常恭敬真諦，給予大力護持，翻譯佛典的事業一時眾多善緣匯聚。歐陽頠並且奉真諦為菩薩戒師，稟持弟子禮數。

天嘉四年九月，歐陽頠這位真諦的大護法撒手塵寰。真諦於顛沛無依之際流落廣州，幸遇故人的師事與護持，而未及一年即天人永隔，內心頓感悲戚。唯有將譯經與弘講功德迴向，祈願歐陽頠往生人天善處。

歐陽頠辭世後，長子歐陽紇承襲他的爵位與官職，繼續供養真諦，為他的譯經志業擔當護法。歐陽紇受父親影響信奉佛教，真諦在歐陽頠生前翻譯《攝大乘論》，就是由歐陽紇擔任請求譯經的功德主。

歐陽頠的部下袁敬，是仕宦子弟，自幼即專志好學，老來仍勤讀不倦，孝順而有風骨。梁元帝在江陵遇難，他流落異鄉，來到嶺南。陳霸先受禪讓即帝位，他在廣州投靠歐陽頠，與長官一起護持真諦翻譯佛典。真諦漢譯《攝大乘論》與《俱舍論》，袁敬與其長子元文都盡心籌辦譯場。

在光大年間（西元五六七至五六八年），由於一些藩鎮懷有二心，歐陽紇久在南方地區，不免也受到皇帝猜疑。太建元年（西元五六九年），陳宣帝特意下詔徵召歐陽紇為左衛將軍，他心生恐懼，不想前去赴任；許多部下勸他反叛，於是他起兵攻打衡州。

袁敬屢次勸諫歐陽紇，為他分析順正與逆邪的道理，歐陽紇不肯聽從。陳宣帝派軍討伐歐陽紇，當他面臨敗戰之時，後悔當初不肯接納袁敬的勸告。歐陽紇被押送京師處刑，才三十三歲；全家受到株連，只有兒子因年幼而得赦免。至於袁敬，朝廷嘉獎他的節義，持續授予官職，後來升官到吏部尚書、雍州刺史。

真諦已於歐陽紇叛變之前的太建元年正月圓寂，不須再為故人滿家抄滅而暗自傷感。自天嘉三年十二月漂流至廣州，到太建元年正月為止，他於廣州安穩譯經六年，成果豐碩，為後來中國佛教思想的發展提供重要的經論資源。

嶺南譯經

真諦突然到了廣州，楊都（建康）阿育王寺的慧愷（智愷），那時人正好住在廣州顯明寺，最早聞訊而來。慧愷過去已曾在別處短暫親近過真諦，稍受指導，這次更把握難得機會前來追隨，此後擔當真諦的首席弟子。慧愷還帶來他叔父的兒子曹毘，後來也成為弘揚唯識的著名佛教學人。

天嘉四年（西元五六三年）正月十六日，慧愷請真諦漢譯世親所著的《大乘唯識論》一卷，歷經二個月，在三月十五日譯畢。接著又翻譯其印度義疏二卷，及真諦講解論本的釋義二卷，慧愷都慎重記錄下來。由於所譯論典內容屬於新傳進中國的唯識學說，真諦必須進行詳細的解說，以使聽聞者能夠理解其特殊義理。同時，將真諦從老師那裡所承接的精深佛學思想在中國繼續傳承下去。

這時僧忍從晉安（今福建福州）來到，攜帶菩提流支在東魏時代的《唯識論》譯本，慧愷將兩本細加比對，認為真諦的新譯本首尾完整，而且較能達義。僧忍在真諦遷徙至晉安期間就過去追隨他，是在梁安漢譯《金剛經》時的筆受者，此番再來廣州親近真諦學法。

真諦漢譯的《大乘唯識論》就是玄奘所譯《唯識二十論》的同本異譯，藉由破斥外教、小乘之心識外實有境界（所認識的事物對象）的虛妄觀點，以證成三界中的一切唯是心識所顯現，並無心識外境界存在的自家宗旨。這是了知「唯識無境」非常重要的基本論典。

接著，因歐陽頠之子歐陽紇的請求，天嘉四年三月於制旨寺開始翻譯《攝大乘論釋》，並獲得寺主慧智、官員袁敬等人的鼎力護持。真諦這時候的漢語已經熟練，不需有人居中擔任傳語（度語，類似口譯者），仍由慧愷筆受。

《攝大乘論釋》是無著造論，世親為此論撰作注釋，真諦是將論、釋一起漢譯。真諦一面翻譯、一面詳加解說，慧愷都仔細確認文義，方才記錄下來，同時稟受法義者還有僧忍等人。同年十月將全論譯完，一共得到本論三卷，釋論十二卷，義疏八卷，合計二十三卷。今日所見譯本是十五卷，除了無著的本論、世親的論釋，經過與其他譯本比對，文句中還包含了真諦個人的一些解釋。

《攝大乘論》是無著為了顯發大乘佛法的殊勝意義，從十個面向（勝相）給出精闢的解說，包括：一切法之「依止」的阿黎耶識；所「應知」的一切法三種自相，即分別性（遍計所執性）、真實性（圓成實性）、依他性（依他起性）；進「入」唯識觀的唯識教理；唯識實性的進「入因果」，即六波羅蜜的修行；「入因果修差別」的十地，即修習六波羅蜜所得的十階體悟境地；修行所「依戒學」，即菩薩戒學；所「依心學」，即菩薩定學；所「依慧學」，即菩薩的無分別智；「學果寂滅」，說明無住處涅槃；「智差別」，說明自性、受用、變化三種佛身。

慧愷在此論序文中說明《攝大乘論》統攝大乘的最高意旨，正法的深密涵義。這部論書所述的義理微妙精深，是二乘行人陷於迷惑之處；廣大齊備，是修行菩薩十地應據以修學者。換言之，了知這部論書的理趣，是超越二乘的教理困惑，真正進入大乘真理修習的關鑰。

譯完《攝大乘論》後，慧愷再請真諦翻譯《廣義法門經》一卷，天嘉四年十一月十日開始進行。經末注文說此經出自《中阿含經》，應是從初期佛教經典中摘錄要點彙集而成。此經內容以十八組法數條列與精進修行相關的各種次第行法，比如說證得聖法的十二種行法、聽聞正法的十六相行法等，提綱契領，是良好的佛教實修指引手冊。

天嘉五年，《攝大乘論》等經論的譯事既已告一段落，故人歐陽頠又於前一年秋天辭世，真諦心中難免傷感，又萌生回歸故里的想法。歐陽頠之子歐陽紇承襲刺史職位，盡心護持，再度懇請真諦留下，更加禮敬與供養。

弟子慧愷與僧忍等人趕緊再請真諦翻譯《阿毘達磨俱舍釋論》，希望留住師父，續結法緣。《俱舍釋論》包含世親所作偈頌與長行注解，篇幅龐大，漢譯出來需要不少時間。翻譯這部論書時，又有智敫等人加入譯場。

真諦的弟子們是聰明的，讓老師全心投入譯經工作，就不致想起返回印度的事；還有，他們可以親近這位難值難遇的佛學大師，把唯識經論的義理學得又深又細。這是新傳進來的精深佛學義理體系，缺乏像真諦這般通達此道的老師講解，無門進入。再者，真諦是通曉梵語的佛學大師，漢語趨於嫻熟，他對教理的講解格外清楚，邏輯條理分明，跟隨他學法可以化解很多疑難。

天嘉五年正月二十五日，在制旨寺開始《俱舍釋論》的翻譯與講解，由慧愷筆受，整個過程非常慎重，期望文義能夠正確。傳譯到半途，〈分別惑品〉尚未譯完，因故從制旨寺遷移到廣州別處地方繼續譯經。最後，在當年閏十月十日全數譯畢，共計論文偈頌一卷，論文二十二卷，義疏五十三卷。這部釋論的義疏部分，是慧愷理解真諦的講解後記錄下來的成果。

真諦的漢語能力已可直接翻譯；然而，儘管梵語文義明晰，但轉譯為漢語後不易貼切，所以整個團隊反覆研討與解釋，才使漢譯文句得以忠實與通順。每當文句確定後，慧愷立即書寫下來，如此日夜努力不懈。這個譯場充滿著張力，追求效率與效果，眾人襄助真諦翻譯經論；同時，通過老師的詳盡講解，對經論義理獲致深入細密的理解。

《俱舍釋論》是世親的名著，可視為說一切有部教義的綱要書，並在其中某些思想關鍵處暗含了經量部的觀點。這部論書所解釋的內容雖是聲聞部派學說，卻是學習唯識學的重要基礎，有助於了解各個法相的定義與意義辯析，以及唯識學所欲破斥的實有論點。鑽研《俱舍釋論》可打下學習唯識學說的根柢，對名相意義掌握更快，並可藉以對顯唯識義理的特點，了知唯識所破的實有謬執。

雖然《俱舍釋論》首度漢譯完畢，然而其漢譯工程並未結束。刺史歐陽紇在此論初次漢譯完後，即禮請慧愷在城內講說；慧愷覺得，自己雖能掌握主要意旨，但仍存有許多疑難，唯恐譯文有不夠精準的地方。於是，在天康元年（西元五六六年）二月二日，慧愷與僧忍等人又請真諦重譯論文，再次解釋文義；直到光大元年（西元五六七年）十二月二十五日，才完成整體論文的重譯與改訂。這次修訂，前後費了一年多工夫。由此可知，整個譯經團隊是用最嚴謹的態度來面對神聖佛典的漢譯任務。

慧愷在第二度漢譯時是將真諦請到他先前在廣州所住的顯明寺，把老師安置在自己原本的寮房中，請老師重新講解《俱舍釋論》，以進行譯文的修訂。由於時間的限制，只能再重聽一遍；其中原委是，在這段期間又有其他弟子前來追隨，真諦要安排時間為他們講說《攝大乘論》。

真諦曾經讚歎慧愷：「我如果早點遇到你，幫我編輯整理經論，聯綴貫串先前譯文，就不致有所缺漏。現在漢譯出來的兩部論書，文詞與義理圓滿齊備，我沒有遺憾了！」《攝大乘論》、《俱舍釋論》的完整漢譯在真諦生命中的重要意義可想而知。

在光大元年，整個譯經團隊更加熱鬧了，楊都建元寺的僧宗、法准等弟子也來到嶺南依止真諦學習經論；僧宗、法准過去曾在晉安追隨過真諦。由於幾個人沒趕上之前譯講《攝大乘論》的法筵，真諦為他們重新講說，從四月初開始，到十二月八日才將一遍講完。

楊都定林寺的法泰律師何時來到廣州無法確知；他在光大二年正月二十日在廣州請真諦漢譯《律二十二明了論》，由慧愷筆受，譯出論本一卷，注記解釋五卷。這是正量部弗陀多羅多的律學論著，是關於戒律的二十二事，有二十二個偈頌，逐句解明。戒律的漢譯文句易流於艱澀，且內容含有許多印度生活風習；真諦從梵文譯出再詳加解說，對法泰了解戒律幫助很大。

真諦所譯的《部執異論》與疏釋應該也是在廣州時期翻譯的。隨代時有法師道岳託人在顯明寺找到慧愷的筆記，表示此論由慧愷筆受。這是講述印度部派佛教各部異說的綱要書。

真諦還有其他在陳代翻譯出來的經論，但無從得知具體的譯經時間與地點，這些譯作包括：

《佛性論》四卷，署名世親所作。論說一切眾生都有佛性的主張，破斥小乘、外道、大乘空宗對佛性的否定，及顯示佛性的體性。此論依於《涅槃經》等佛典解說佛性之義，更說佛性即人法二空所顯真如，融入唯識學的真理觀。

《三無性論》二卷，無著所作，是玄奘所譯《顯揚聖教論‧成無性品》的異譯。論說三性、三無性、二諦、轉依、四種道等唯識學重要議題，文句中包含一些真諦個人的解釋。

《顯識論》一卷，大抵是《攝大乘論》「應知勝相」部分的異譯。論說一切三界但唯有識、阿梨耶識所顯九類心識內容等問題。

《轉識論》一卷，是世親《唯識三十論頌》的異譯。此論是唯識學說的綱要書，精要論說唯識學的真理觀境、修行位次、修行果證。所譯論文中加了一些真諦個人的解釋，特別是境識具泯之實性的阿摩羅識。

《**遺教經論**》一卷，是世親對《佛遺教經》的注釋。《佛遺教經》是佛陀入涅槃前對弟子所做的最後教誡，屬於初期佛教的教說，世親是用大乘觀點進行解釋。

《**無相思塵論**》一卷，陳那所作，是玄奘所譯《觀所緣緣論》的異譯。主旨在破斥小乘所說心識的所緣境（認識對象）為心外實有的色法（外塵），說明唯識學主張的所緣境為心識內部所顯現的色法（內塵）。

《**解捲論**》一卷，陳那所作，是玄奘所譯《掌中論》的異譯。旨在論述三界一切事物只是心識虛妄分別而構作的假名，並不存在心識以外的真實事物。

《**婆藪槃豆法師傳**》一卷，即世親的傳記。

《**四諦論**》四卷，婆藪跋摩所作。此論屬於經量部的後期論書，對佛教基本教義的四聖諦給出詳細說明。

《**金七十論**》三卷，迦毘羅仙人所做。這是一本外教著述，說明印度數論派的二十五諦，涉及對佛教的批評。世親曾作《七十真實論》破數論派的論書，所批判者可能就是這部著作。真諦譯出此論，用意在幫助佛教界了解世親所破的印度外教學說。

真諦在陳代所譯佛教經論的成果非常豐碩，以唯識論書為大宗，有助修習者理解無著與世親之主要思想。真諦是有意識地擇取需要漢譯的論書，以適應唯識初傳期漢地佛教學人的學習需求與理解能力；並在譯經的同時，做了非常詳細的解釋，培養出第一代的弘傳種子。

大師殞落

真諦等人在《俱舍釋論》的翻譯進行到中途的時候，將譯場遷移到制旨寺以外的某處，其中原委不得而知，也不知道是在哪個地點。占用制旨寺的場地翻譯佛典，長期而言並不是個辦法。

《續高僧傳》真諦本傳提及，他後來移居的地方是個四面環水的洲地（註二），歐陽紇前去拜訪他時，因山險水急而不敢渡過去。只見真諦雙腳盤腿在坐具上，像乘船般浮到對岸相見，坐具半點也沒沾溼，有時也會用荷葉渡水。此事甚為神異，類似菩提達摩「一葦渡江」的故事。

真諦或許有某種神通能力；儘管如此，吾人寧可相信他是像常人一樣乘舟渡水，只是心平無懼。他之所以住在這類奇特地方，讓人聯想到戒律的修持。現今南傳佛教地區會看到水上戒壇的設置，位於湖中央，目的在於方便結界，平時亦可用作傳授比丘戒的場所。這樣的地方閑靜無人，有利持戒及適合禪坐靜觀真理。

真諦對於戒律持守是嚴格要求的。某日嚴冬天冷，真諦衣服單薄，徹夜發抖，門人侍立在旁。慧愷等人整夜靜靜站著，侍候和問法；說話時間久了，真諦有時像是睡著。慧愷偷偷將衣服蓋在他身上，真諦暗裡知道，把它拉到地上。真諦傳記的理解是他節儉知足；不過，也有可能是戒律對法衣的規定。真諦從

印度、南海來，不知穿著何種袈裟，能否抵禦中國寒冬？戒律規定僧人三衣一缽，若嚴格持守，不可多存其他衣物。（註二）

真諦翻譯與解說《俱舍釋論》的時候，有些後來的弟子沒機會聽聞。光大二年，僧宗等人請慧愷於智慧寺講《俱舍論》，成名的學問僧眾七十多人同堂共研法義；真諦弟子智敫、道尼等人蒐集先前翻譯的論文與義疏，在大堂裡面專志聽講。廣州的《俱舍論》法席可說蔚為一場盛會。

慧愷在講說《俱舍論》義疏期間，七十歲高齡的真諦在六月中的某日，感到世間虛幻染濁，心識受制於衰弊形體，還不如依真理思惟來資養精神，以期早日轉生到殊勝的學佛國度。殊勝國度（勝壤）應指彌勒菩薩所在的兜率淨土吧！

於是他來到南海郡的北山，想要捨棄這個四大假合的形軀。真諦並非如凡夫俗子般尋求一死了之，應是想趁著尚有氣力的時候，嚴肅思考如何運用法門，在神識清明、憶念真理的狀態下往生。

真諦來中國超過二十年，有十幾年是在相當艱難的流離處境中，譯經場所、助譯人才、衣食供給等各方面條件並不具足，唯識譯業不甚理想；他仍一本初衷，堅持傳譯與弘揚唯識學說。幸而在廣州五年多來，終於完成了《攝大乘論》與《俱舍釋論》這兩部鉅著的仔細漢譯，弟子們也開始接棒弘講，心願算是落實了。

既然無法返歸故里，中國世情紛雜，與其拖著衰邁肉身，心神難免隨著耗弱，徒然度過光陰，應當儘早運用方法前往下一個學佛勝處！當然，真諦深通佛教經論，參訪過許多善知識，他掌握到什麼佛門密法，就非薄地凡夫所能知悉了。

慧愷正在堂上專心解說論書，大眾聽到真諦想要捨報棄世的這個消息，急忙奔赴他所在的地點，道俗人士絡繹不絕，同來勸請聖者住世。刺史也派出人員在旁邊防護，並親自前往頂禮，留了他三天，真諦才打消念頭，眾人將他迎回王園寺。僧俗二眾都非常敬重真諦，捨不得他離開，想再多向他諮問佛法。

慧愷繼續講演《俱舍論‧業品》的義疏，才到第九卷，於八月二十日病倒了。沒多久，他自知藥石罔效，索取紙筆寫下了臨終遺詩：

千秋本難滿，三時理易傾；石火無恒焰，電光非久明。
遺文空滿笥，徒然昧後生。泉路方幽噎，寒隴向淒清。
一朝隨露盡，唯有夜松聲。

放下筆，與眾人握手道別，端坐禪思，安然辭世。

慧愷往生後，其他未講的論文就由真諦接續解說，由師父來幫弟子完成這項弘法功績，及傳續這部論典的微言大義。只是，真諦講到〈惑品〉的第三卷，因為身體不適，而中止佛法教學。

慧愷過世之事讓真諦深感悲痛；於是，他來到法准的寮房中，領著道尼、智敫等十二人一起傳著香火，誓願弘傳《攝大乘論》與《俱舍釋論》，使其傳承不絕。大家都稟持師命，不使唯識佛法沒落。

僧宗和慧愷曾經想將真諦請回建康弘法，但京城有人深怕會奪取當時主流經論佛學的光彩，就上奏說：「嶺南所翻譯的各部經論，多在解明無外境的唯識義，所說有違治國理法，損害國家風俗，不屬於我中華，應流放到邊疆。」皇帝同意了他的看法。因此，廣州新譯的經論就在南陳時代被埋沒了。

曾有一日，真諦忽然大聲嘆氣，一連三嘆。慧愷問其原因，真諦說：「你們真誠修學正法，確實輔助唯識佛學的弘傳；只遺憾弘法的時運未到，障礙了前來此國的本意。」慧愷聽了，哽咽良久，聲淚俱下，跪著向真諦說：「佛教大法遠來中國，有情們卻不為所動，這還有道理嗎？」真諦以手指著西北方說：「這個方向有個大國，不近不遠，等我們死後，唯識佛學將會廣大弘通。只是無緣見到興盛時日，而不禁感慨萬千！」真諦所指的西北方，應是後來的唐朝。

太建元年（西元五六九年）正月，真諦染疾，沒過多久，說示嚴正的遺囑，勸勉因果道理，寫了好幾張紙，交付給弟子智休，正月十一日午時圓寂，享壽七十一歲。

隔日，就在潮亭寺荼毗建塔。十三日，僧宗、法准等弟子各自攜帶經論，返回廬山。整個過程簡單明快，大抵是依照真諦臨終時的囑咐。真諦法師應當是上生兜率天去了吧！

弟子廣弘

真諦最得力的弟子，自非慧愷莫屬，他像對待至親一般侍奉真諦。慧愷過世比真諦早了四個多月，此事讓老師格外傷心，如同孔子失去顏回，大有「天喪予」的感慨。真諦悲慟之餘，和其餘弟子共同發起誓願，矢志弘揚《攝大乘論》與《俱舍釋論》兩部佛典。

關於慧愷的《俱舍釋論》筆記，在後代還發生一件奇事。釋道岳以追根究柢的態度學習《成實論》、《雜心論》。隋代開皇年間，他在京城大興（今陝西西安）聽道尼講《攝大乘論》，了知此論的精妙勝過自己所學的部派論書。道尼往生後，他無師可學唯識，就在長安明覺寺閉門五年，勤讀《俱舍論》。道岳雖能大致掌握文義，但精細義理就有參考義疏的必要了。他聽說慧愷長期追隨真諦，有著述留在南方，便用重金委請南道商人代尋；果然在廣州顯明寺尋得《俱舍釋論》的義疏與《部異執論》的講記，都是慧愷的筆跡，親承真諦口傳。道岳得書後歡欣頂受，廢寢忘餐地細加研讀。這是冥冥之中的傳法吧！

法泰精通佛學，並重視戒律，在梁代已是知名法師。他不辭辛勞地遠道從建康至嶺南追隨真諦，請真諦漢譯《律二十二明了論》；其後，禮請慧愷講解《俱舍釋論》。真諦圓寂後，法泰於陳太建三年（西元五七一年）回到建康，帶來新譯出的經論，開講佛法新義，使得當時教界人士大感驚異。諸部論書中，尤其《攝大乘論》與《俱舍釋論》義理弘博精深，鮮少有人能理解其中意趣。

梁代和陳代推崇《大品般若經》、《大智度論》、三論，兼及《成實論》

等鳩摩羅什在關中所譯的各部經論；法泰雖然多次弘講唯識論典，卻無人接受，法脈瀕臨斷絕。適逢彭城沙門靖嵩來到金陵，希求唯識正理；法泰日夜為他講解，才後繼有人。法泰的生涯最後如何，不可得知。

真諦有位菩薩戒弟子曹毘，他是慧愷叔父的兒子，從小被慧愷帶來嶺南；他跟著學習《攝大乘論》，及學習其他論書，頗有成績。太建三年，曹毘禮請始興建興寺的僧正明勇法師講說《攝大乘論》，在場聽講的學問僧人有五十多位。真諦曾在始興翻譯經典，始興距離廣州路程並不算太遠，明勇應到過廣州聽講此論。

曹毘晚年住在江都（今江蘇揚州），持續熟習先前所學。他常在白塔寺等處開演各部論書，穿著與儀態像個菩薩行者，登座說法頗能發揮深妙義旨。聽講者當中很多是有名的學問僧人，如禪定寺的僧榮、日嚴寺的法侃等人都跟隨他學習論書。

智敫是在真諦翻譯《攝大乘論》時，受廣州刺史歐陽頠所請到其宅邸供養，無緣聆聽真諦講解論書，等到漢譯《俱舍釋論》時才參與譯場。後來慧愷講解《俱舍論》時，他又與道尼等二十多人在講堂認真聽法。

真諦圓寂之後，弟子四散，法脈凋零。智敫於太建九年（西元五七七年）仍持續弘講，一同聆聽真諦說法的師兄弟中以他的聲名最高。有段時間，智敫專志研究《涅槃論》。後來他擔任廣、循二州的僧官，有五年荒廢了弘講。僧官卸任以後，才回到循州（治所在今廣東惠東）的道場寺，專講《攝大乘論》十幾遍，聽講者當中達致解義者有二十五人。智敫並編撰真諦所譯經論的《翻譯歷》，記載非常詳備。

僧宗、法准、僧忍（慧忍）三位法師都曾在晉安親近過真諦法師。後來真諦到了廣州，僧忍最早從晉安前來，參與《攝大乘論》、《俱舍釋論》的漢譯工作；僧宗、法准也在光大年間來到，聽聞真諦親自講說《攝大乘論》，僧宗等人並請慧愷講解《俱舍釋論》。他們三人都誠懇踏實地向真諦學習經論法義。

僧宗對《攝大乘論》的研究格外深入。《攝大乘論》與《俱舍釋論》可說是真諦譯經上的最大成就，而《攝大乘論》畢竟是大乘唯識學的核心論書，更為真諦所看重。真諦為僧宗眾人第二度解說《攝大乘論》，在「十勝相」第七的「依心學勝相」以後的疏解，均由僧宗對著老師重新解釋意旨；雖然文義有所增減，但真諦的評價為「大義無虧」。僧宗還撰述真諦的行狀，流行於世上。

真諦圓寂後，僧宗、法准就帶著經論返回匡山（今江西廬山），在那裡弘講真諦所教導的經論。僧忍則不知行蹤。他們三人性情篤實，就是默默學習與弘法，通曉義理而不太關注聲名。

道尼原本住在九江，在廣州親從真諦學習；真諦圓寂後，北上建康弘講《攝大乘論》，聲名遠播。隋代開皇十年（西元五九〇年），文帝下詔禮請道尼入京城大興善寺，開講《攝大乘論》，使許多人得以領悟這部論書的義理。道尼被徵召北上後，中國南方從此就沒有《攝大乘論》的講主。道尼最大的功績，是受到朝廷的重視，將《攝大乘論》弘揚到北方京城去，此事對論書的推廣意義重大。

慧曠戒行精嚴，天台智顗曾向他學習戒律與《方等經》。他在遊化弘法時期，與僧宗、慧愷、法准諸位法師共同在廣州向真諦學法，聽講《攝大乘》、《唯識》等論書，及《金光明》等經典。真諦圓寂以後，弟子分散各地，他和同學僧宗一起到廬山。他講經說法頗受歡迎，深得道俗人士的敬重。慧曠後來的弘法地點包括湘州（治所在湖南長沙）、郢州（治所在湖北武昌），晚年回到襄陽（於今湖北襄陽）。

警韶是在豫章（今江西南昌）遇到真諦，真諦非常欣賞他，為他講說新翻譯的《金光明經》、《唯識論》及《涅槃中百句長解脫十四音》等。他於建康白馬寺講經十幾年，然後到瓦官寺向智顗學習止觀，晚年歸隱山林專精禪修。終其一生講說《成實論》五十餘遍、《涅槃經》三十遍、《大品般若經》四十遍、新譯《金光明經》三十餘遍、《維摩詰》、《勝天王般若》、《仁王般若》等經典遍數。他弘講新譯《金光明經》，是傳承真諦所教導的法義。

楊都奉誠寺的智文專研律藏，曾經避難到閩州，與真諦同在晉安，而得以參與經論的譯講；並且到過嶺南，僧宗、法准等知名後輩常拿著佛典向他請益。智文後來回到建康，曾經冒死上書懇請陳後主收回徵召僧人參預軍務的命令。智文的弘法重心在戒律方面，與真諦所傳的唯識學說較少交集。

隋朝蔣州大興善寺的慧侃從小受學於和闍梨而有神異能力，曾經到嶺南追隨真諦。真諦因材施教，傳授他禪法，專門修習不久就大有體悟。慧侃最後住在棲霞山，安心禪修，在山林與世間來往自在。依此個案來看，真諦在禪法方面也有其擅長之處。

真諦圓寂後，弟子們在各地弘講唯識佛學。法泰在建康講說《攝論》與《俱舍》，於孤寂中得到一位優秀後繼者靖嵩。道尼先在建康，隋朝時到京城弘揚《攝論》，名聲響亮。曹毘在江都，智敫在循州，都是《攝論》弘講宗匠。僧宗、法准默默於匡山講學。

上述為真諦第一代弟子的傳續成果，攝論學、俱舍學已在醞釀形成當中。

至於第二代弟子及其後學的弘傳事蹟與影響效應，則於第二部分予以說明。

【註釋】

註一：據羅香林於《唐代廣州光孝寺與中印交通的關係》（香港：中國學社，一九六〇）一書中的考證，真諦所移居的小洲即今廣州市西的「沙面」，洲後的北山當即廣州市北的白雲山。（頁三九）

註二：唐代義淨於《南海寄歸內法傳．卷二》「衣食所須」說：「神州苾芻除三衣外，並非聖儀。既其有犯、理難服用者，且如西方煖地，單布自可終年；雪嶺寒鄉欲遣，若為存濟、身安業進？聖有誠言，苦體勞勤乃外道教。去取之理其欲如何？然聖開立播之服，通被寒鄉，斯乃足得養身，亦復何成妨道？」（《大正藏》冊五四，頁二一四中）

義淨發現，印度氣候溫暖，終年可穿著單薄衣服；若在高山雪地或寒地冬季，只穿單薄衣物如何抵禦寒冷與安心修行？他認為，戒律應有隨地方調整的靈活開緣性質，如佛陀就允許寒帶地區穿著「立播」（裹腹衣）。義淨比較開通，但也有中國僧人主張應嚴格依據戒律，三衣之外的衣物都是不如法的。

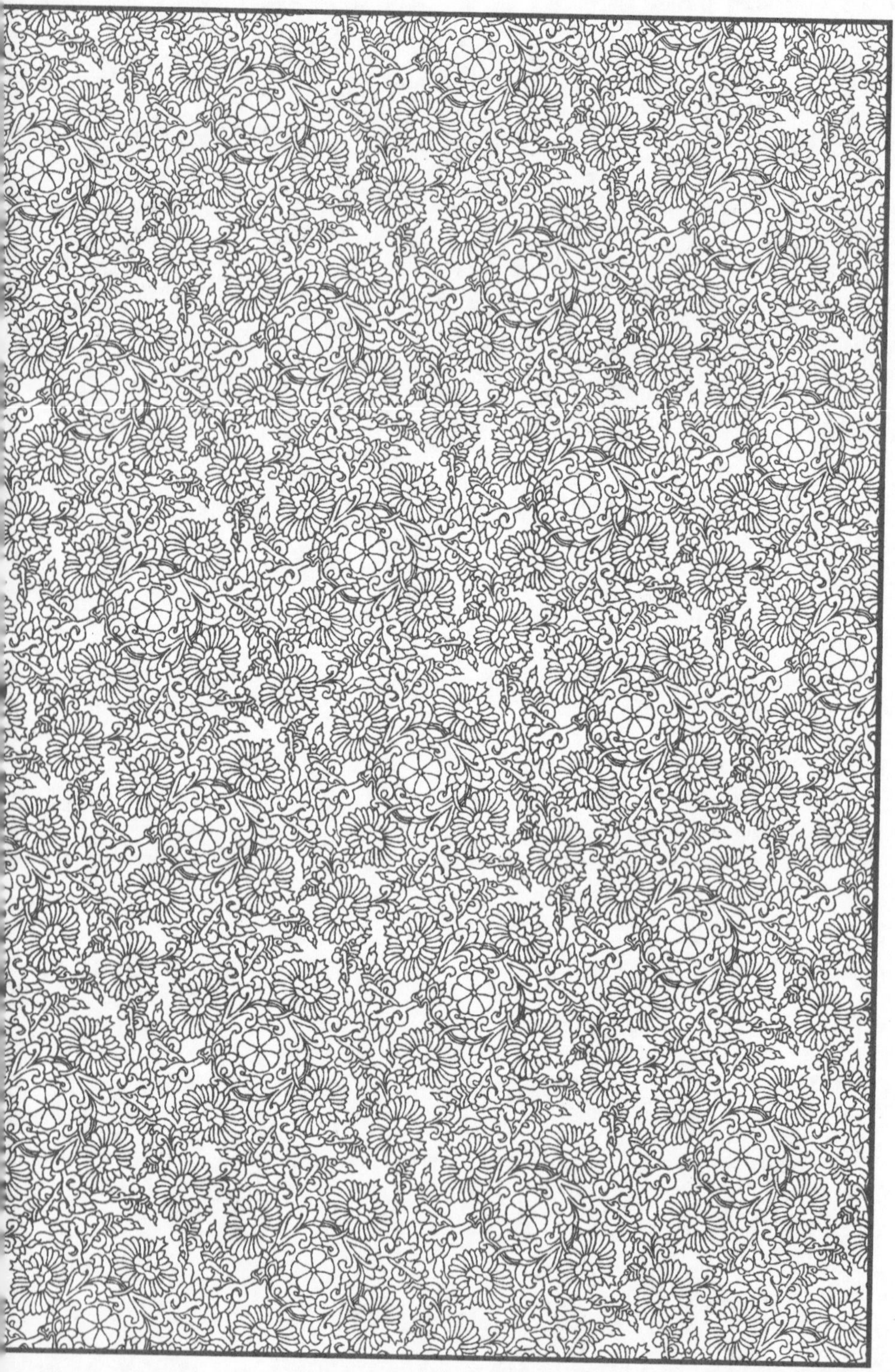

影響

壹・攝論學派形成

唯嵩獨拔玄心翫味茲典，纔有講隙便諮沙門法泰諮決疑議，數年之中精融二部，自《佛性》、《中邊》、《無相》、《唯識》、《異執》等論四十餘部，皆總其綱要，剖會區分。

真諦在陳朝太建元年（西元五六九年）於廣州圓寂後，弟子們開始分散到中國各地弘法；這個階段的努力，是讓中國佛教界有更多學人能夠了解真諦所傳譯的唯識佛典。必須等到再傳弟子以後，真諦所傳唯識學說的新思想才得以擴散出去，逐漸形成研究與弘講《攝大乘論》的「攝論學派」。

真諦所漢譯與講解的唯識佛學主張，不存在心識之外的事物；這種唯有心識而無外境的觀點，無論對部派佛教或中觀學派來說都難以接受。早期佛教經典提出構成有情身心個體的五種要素（五蘊），包括物質面的色法，及心理面的受（感覺）、想（思想）、行（意志）、識（心識）四法，心法是與色法並列的，即色法是在心法之外。說一切有部的阿毘達磨主張，色、受、想、行、識都是實有的；中觀學派儘管主張五蘊全是緣起假有的，但色法仍與心法並立。

瑜伽唯識佛教可說向前走了很大一步。瑜伽行者在深層禪觀當中發現，唯有心法與心所法（附屬於心法的心理活動）是緣起性的假有存在，其他事物像是色法、心不相應行法（無法歸類於色法與心法的現象事物，包括時間、空間等），都是由心識在認識過程中於其內部所顯現出來的形相，即萬法「唯識所現」。

再者，唯識學說有別於過去所肯認的眼、耳、鼻、舌、身、意六識說，在六識之外更增加產生我執之根源的第七識，及一切萬法發生之根本的第八阿羅耶識（阿梨耶識、阿賴耶識、本識）。說一切有部主張一個心依隨六根而有六識的作用，即「一心六識」，一個剎那只能現起六識中的一識。唯識學派則主張八識是八個不同的心，不可相濫，因而八個心識可以同時作用。真諦所傳唯識學說在八識之上再安立一個第九識，稱為「阿摩羅識」（淨識），使得問題更形複雜。

「唯識無境」與「八識」（九識）這兩個非常特殊的觀點，在《阿含經》及初期大乘的主要經典中都找不到相關的經說。對於印度的說一切有部與中觀學派的佛教學人而言，唯識學派的新異觀點似乎有點「離經叛道」，缺乏經典的依據，這是唯識學說讓已習於有部毘曇與中觀論典的中國佛教界最初難以理解的一個重要原因。不過，印度與中國的佛教傳布情形不同，這種佛教新說既然是由佛教祖國印度傳譯過來的，中國佛教界縱使有所疑義，也不敢輕易徹底否定。

隨著講說唯識教理的經典如《楞伽經》、《深密解脫經》（《解深密經》），及相傳由彌勒所傳述的《十七地論》逐漸流通開來，且有真諦弟子在各地積極弘講《攝大乘論》等典籍，經過時間的醞釀，中國佛教學人才逐漸熟悉這套唯識義理體系。經典代表佛說的權威。漢地佛教界通常相信由印度語言漢譯過來的經典是出自佛口所說，論典則以經說為根據進行闡釋，這是其義理取信於人的重要基礎。唯識佛學有翻譯的印度經論為證，獲得中國佛教知識圈的接受只是時間問題。

真諦在首席弟子慧愷過世之後，感到非常悲痛，他某天便召集十二位弟子舉行傳香火儀式，共同發起誓願，要將《攝大乘論》與《俱舍釋論》傳承下去。弟子們在真諦圓寂後，確實踐行了昔日的誓願，在多地致力於論典的弘講，促成《攝論》在中國佛教思想界取得一席之地。

法泰一系

法泰在真諦辭世兩年後的太建三年（西元五七一年）返回到建康（今江蘇南京），努力傳講《攝論》與《俱舍》，但少有人能夠理解與接受這種「唯識無境」的佛學新義。這時建康流行《大品般若經》、《法華經》、三論與《大智度論》、《成實論》等關中所譯傳的佛典，以及《涅槃經》等經論，新近傳來的唯識學說不易動搖既有的佛學典範。

法泰終於盼到一個得意弟子靖嵩而後繼有人；他來追隨法泰前本具深厚的佛教學識，且願意全心學習。從靖嵩學習《攝論》者有智凝，下傳僧辯、道積、靈覺和道卓等；靖嵩弟子另有法護、道因、道基等人。在他們的積極努力下，將《攝論》義理的影響力大幅擴散出去。

來自北地的沙門靖嵩（靜嵩），早具佛學聲名。靖嵩出家後到北齊鄴都（今河南安陽地區），在融智座下聽講《涅槃經》與《十地經論》，又從道猶、法誕二位論主聽聞《成實論》、《雜阿毘曇心論》，並旁及其他部派論書的研究。靖嵩博通經論，聲名成就後，琅琊王相當敬仰他，每年春季召集僧眾舉行佛法講座，禮請他為座主。

北周毀佛，他與三百餘位僧人南下建康，陳宣帝特別派遣親信官員到京口

（今江蘇鎮江）迎接他們，又命駙馬前去宣讀詔書。建康僧正請靖嵩與法貴對論激揚聲聞論書，轟動一時。

靖嵩到建康後欣仰唯識教理。法泰得到如此優秀的弟子，歡喜異常，日夜傾囊相授，為他詳細講說精深義旨，解答疑惑，時間長達數年。

當初真諦於梁朝末年來到中國，歷經陳朝，二十多年缺乏穩定的譯經場所，雖有譯出唯識經論，但在建康沒什麼人想要聽講。只有靖嵩獨具慧眼，努力探研唯識論典，講經說法一有空檔，便前去向法泰請問法義疑難，幾年之中即精通、融貫《攝論》與《俱舍》二部論書。對真諦所譯的《佛性論》、《中邊分別論》、《無相思塵論》、《唯識論》、《部執異論》等，都能總攬綱要，剖析義理。

隋朝統一中國南北，重興佛法，靖嵩回到北地，在徐州地方大弘佛法。徐州總管乞伏令和率領眾官員將他延請到京兆王寺，並向皇帝上奏，賜給寺名為崇聖寺。由於靖嵩的大力弘揚，《攝論》得以傳播到淮河之北。

靖嵩傳承真諦之學，肯定世親所說的義理；由於他的傳法貢獻，唯識佛學所代表的大乘真理體系得以弘通開來。他撰寫《攝論疏》六卷及《九識義記玄義》等唯識學著述，為佛教界所重視。

隋文帝封禪泰山，路經徐州，特別率領關中義學法師拜訪靖嵩的道場，向他諮問佛法。此後靖嵩的門庭更加昌盛，所撰述的佛典義疏大為通行。真諦的唯識學說因此廣為人知。

隋煬帝即位後，下詔請靖嵩入住京城的道場，但他婉拒了；辭謝的理由是，在都城的道場管制較多，不若外地道場可自由活動與弘法。靖嵩一直留在徐州，京城弘法的事業就留給幾位弟子們去推動。

靖嵩有位慧根聰敏的弟子智凝。智凝年少出家，經典過目即能憶念不忘。受具足戒後，前往彭城（今江蘇徐州）向靖嵩叩問《攝論》法義，聽聞一遍即能理解義旨。靖嵩剛講完「十勝相」的第一「應知依止勝相」，正要講解第二勝相，智凝即向其他同學說：「《攝論》的綱領要旨我已掌握，其餘部分無暇聽聞。」就到靖嵩面前辭行，想去撰寫論疏，大家都認為他誇大不實。然而，所作疏解果然大義分明，智凝依照所著章疏弘法而使自己聲望高漲。

智凝到都城發展，被禮請到辯才寺，常為眾人講解《攝論》。隋文帝數度在皇宮召集佛教盛會，擁有名望的僧人都會前去參加，只有智凝一人在辯才寺領著徒眾傳弘法義，不看重世間名利，向他學習的僧人也多具德操。他們在辯才寺專志講授與學習佛法，並且自行修葺寺院、灌溉種植，追求福智雙修。

智凝來到都城一帶弘法時，無心參與京城的盛大宣講法會。當時有寶昌寺的明及弘講《攝論》非常知名，相中智凝來繼承他的法座。年老病重時派人前去延請智凝，一見面便問：「阿黎耶識滅了嗎？」智凝回答：「滅了。」明及於是奮力起身，拍手慶賀，不久後就過世了。智凝因此繼承他的法座，明及門下學法者得以繼續學習《攝論》，不須改宗其他經論。

後來，智凝被召入隋文帝在京城所創建的禪定寺，依然弘傳《攝論》，於四十八歲時圓寂。

禪定寺是隋文帝為去世的獻皇后所建，以高僧曇遷為寺主，下詔從全國徵召名德禪師一百二十位。由此可見智凝因其佛學成就所獲得的殊榮。

智凝有弟子僧辯，受具足戒後來向他學習《攝論》，後來也被召入禪定寺。《俱舍》一直無人講說，僧辯與幾位法師共同禮請道岳講解這部論書，認真學習此論。

唐高祖武德年初僧辯在河南諸地弘法，曾到芮城（今山西運城）開講《攝論》，佛道二家學人爭相前來聽講，他並且折服了刻意來質難的道士。

僧辯後來回到長安，玄奘曾經向他諮問《俱舍》。他對《攝論》、《中邊分別》、《唯識》、《無相思塵》、《佛性》諸部論書都撰作章疏，在世上流布。

道積本來學《涅槃經》，於隋代開皇年間來到京城，向寶昌寺明及學習《十地經論》，及跟隨智凝聽講《攝論》。他對《攝論》的十種勝相、種子熏習、轉依六義、唯識無塵等教理深有領悟。後又到并州（今山西）聽法稜講《菩薩地持經》。仁壽年間楊諒作亂，道積回到故里蒲坂（今山西永濟），先講《涅槃經》，後講《攝論》，兼及其他經論。

智凝的弟子中還有來自蜀地的名僧靈覺和道卓，他們跟隨智凝學習《攝論》，在都城享有聲名。晚年回到益州（今四川），繼續弘講《攝論》，將這部論書傳揚到四川。

靖嵩又有弟子法護，曾依志念聽《毘曇》，隨法彥學《成實》，知道靖嵩是《攝論》大家，於是前往彭城長期追隨他學法，洞達此論義理的精奧旨趣。三十二歲時被召入隋煬帝在晉王時期於洛陽所創建的慧日道場，常講《中觀》、《涅槃經》、《攝論》。玄奘在洛陽時，也到慧日道場聽他講《涅槃經》與《攝論》，思擇法義。

唐代初年，後來成為太宗的秦王李世民選取五大名僧，頒下命令讓他們住在京城長安的寺院，法護居於其列。法護到了長安後，進行《攝論》不同譯本的對照研究，對於確切文義有獨到見解。等到唐代玄奘新譯論本一出，與他的所見大致相符，大家才知道他對《攝論》的解讀功力。太宗貞觀年間被召入天宮寺擔任寺主，於此寺圓寂。他撰有《攝論指歸》等二十餘篇著述。

靖嵩另一弟子道因，年少出家，深具慧解能力，能講說《涅槃經》、《十地經論》，並鑽研《十誦律》。他到彭城聽講靖嵩所傳的《攝論》多年，雖然戒臘較淺，但教理與修行表現優越，靖嵩解說完後常由他覆講。隋代時避亂到蜀地，受請講《攝論》、《維摩詰經》，聽法者有千人。道因講說的經論很多，對《攝論》與《維摩詰經》特別精到，都撰有章疏。

蜀地的寶暹以《攝論》知名，玄奘在四川時就曾從他聽講過這部論書。他與後輩的道因對論《攝論》時就顯得嚴肅認真，思考清楚才發言；因為道因對此論義理確實通達，辯才無礙。道因於唐代時受詔入住大慈恩寺，參與玄奘的譯場，擔任證義；玄奘非常賞識他，遇到疑難文句會邀他共同商討。

靖嵩晚年有道基拜入門下，在他圓寂後，道基為他撰寫行狀。道基十四歲時到彭城，從多位法師聽講法義，並在靖嵩座下學習《攝論》，領悟能力很高。

後來到洛陽，受請主講《雜心論》，還被召入慧日道場。

隋代末年天下大亂，道基轉移到四川弘法，所弘論典改為大乘的《攝論》，巴蜀地區佛教學子匯聚而來。道基並纂輯《大乘章抄》八卷，幫助學人研讀《攝論》。玄奘兄弟曾在洛陽追隨道基，多受啟發；一路跟隨到巴蜀，再聽《毘曇》，應該也曾聽講他當時在四川主弘的《攝論》吧！

由於道基到蜀地弘傳《攝論》的因緣，當地有慧景、寶暹都精通《攝論》，名聲遠傳都城。

道尼一系

道尼是真諦的直承弟子當中將《攝論》傳播到北方隋朝都城的一大功臣；可是，不知何故，僧傳中有關道尼的記載都很片斷。他原本在建康傳弘《攝論》，聲名遠揚，而在隋代開皇十年（西元五九〇年）受敕請到京城，住在大興善寺，弘講《攝論》，啟悟了許多人。他受詔入住大興善寺，是當時對中國法師之佛學成就的最高肯定；然而，其弟子中獲得記載者只見智光、道岳和慧休。

智光是江州（今江西九江）人，即道尼本來駐錫之地，從小追隨道尼聽講《攝論》，學習義理頗有成績。開皇十年跟隨其師到達京城，以侍者身分住進大興善寺。他以鑽研經論法義自娛，常弘講《攝論》，在關中具有聲名。晚年不喜談論，到山林寺院靜修；數年後返歸廬山，謝絕人事交往，專心禪修，於山中精舍往生。

道岳出身儒門家庭，十五歲依止僧粲出家，學習戒律。繼而隨志念、智通二位老師研習《成實》、《雜心論》。道尼於開皇年間到京城弘講《攝論》時，他聽講這部論書，受到唯識精妙義理的吸引，理解逐日深進，發覺比起他過去所學《毘曇》、《成實》要高明很多。可惜，道尼往生後，他就尋訪不到老師可繼續深造唯識學說。

道岳了解，想學好唯識義理應從世親所作的《俱舍論》奠定基礎，於是到都城的明覺寺閉關五年，專門研究《俱舍》，通曉全論要義，只是更細緻與深層的義理無由趣入。他用重金委託商人到廣州尋找真諦講解的義疏，果然在顯明寺找到慧愷當時的筆記。他欣喜若狂，廢寢忘餐地專志研究，成為少有的《俱舍》名匠，隋代時被召入禪定寺。

僧辯曾經師從靖嵩弟子智凝聽講《攝論》，隋代時與道岳同樣受詔入禪定寺，輩分不比道岳低，而與同為京城名師的法常、智首、慧明等人共同禮請道岳講解《俱舍》。每當道岳講說《俱舍》之時，僧辯會暫停自己的講席前往聽法，專注筆記。身為義學法師，僧辯知道《俱舍》一論的重要價值，尤其是對鑽研唯識學說者而言。

道岳因得到慧愷的《俱舍》義疏筆記，閉關勤讀而精通此論。唐朝初年，由於感到《俱舍》義疏文句繁多，詳閱不易，於是以真諦所譯論本為主，將義疏刪節三分之二，論本與義疏統整為二十二卷，這對學論者而言是一大方便。

《俱舍》猶如絕學，道岳在俱舍學領域可說首屈一指，玄奘也特地前來聽他說解《俱舍》。

道岳起初聽聞道尼講說《攝論》而在唯識學說方面受到啟蒙，領受《攝論》法義的新奇精妙，由於因緣特殊而專志攻讀《俱舍》。道岳全心講說《俱舍》，幫助許多唯識學人理解有部法相體系，深化唯識義理領會；雖非直講《攝論》，於《攝論》與唯識義理的弘揚上亦有其不可抹煞的功績。

道尼與曇遷在隋文帝時同樣被召入大興善寺，都主講《攝論》，聽聞法義者眾多，兩人對此論的推廣厥功甚偉。然而，研論自悟的曇遷門庭興旺，直承真諦的道尼反而弟子無幾，同時與聞二人《攝論》法席的慧休可作為了解此事的個案。

慧休跟隨曇律師出家，師父教導戒行後，命他去鄴城向地論學者靈裕學法，他背著《華嚴經》前去，日夜苦學。慧休領悟到《華嚴經》所說教法是上聖智境的至高真理，必須廣學多聞以期進窺堂奧。他於是去明彥處聽《成實》、到志念處學《毘曇》及其他有部論書，聽講數遍，釐清脈絡，撰寫章疏；其後又鑽研許多佛典，弘法聲名卓著。

慧休雖能通達空宗理趣，而心念常於塵境有礙，有心想了解唯識義旨，但缺乏合適的管道。隋代時跟隨師父靈裕到京城，逢遇曇遷與道尼弘講《攝論》的盛況，所說義理富含新義。他對《攝論》法義理解極佳，聽聞三遍後即能撰作疏解；可能有過去學法的深厚基礎，他很快領會唯識義理。後來他又前往道洪和法礪處學習《四分律》，聽講三十多遍，精勤修學，以戒律為師。

慧休有門人靈範，學會老師所教的各部經論，但慧悟能力不及老師；唐朝時受勅進入弘福寺，常弘揚《攝論》，成為《攝論》代表性人物，名揚京師。慧休另有一位弟子曇元，學習經論與戒律，偏重清淨持戒，常行乞食自資；後來遠離世俗，歸隱山林靜修。這兩位弟子各別代表了慧休在教理與戒行方面的修學取向。

慧休對於經論具有慧解能力，與真諦直傳弟子具有類似氣質，頗有學者風範，嚴謹學習經論，重視戒律行持，生活極為簡樸，不太追求聲名。他在九十八歲高齡時，告誡徒眾說：「我在學習上花費很多功夫。每次聽聞經律，雖然聽講二、三十遍，明曉文句意旨，仍覺得用功不夠；雖想兼通各家學說，卻沒時間多加涉獵。現今的後學就不同了，稍微知道文句、要旨不甚明瞭，就成為人師，更缺少通觀學養。」這段話呈現出他治學的精嚴態度。

玄奘前去鄴城慧休那裡參學，讚歎他道德與名聲超凡逸俗，義解與修行相符，古今難遇，所說法義極為高明。兩人相會，猶如過去早已熟識，不講究師徒禮數，像是一起學法的同輩。慧休專門為玄奘講解《雜心論》與《攝論》，指出隱微法義，細講綱目理路，一連八個月之久，教學雙方都不感到疲厭。慧休驚異地鼓掌大歎：「如此之人世間稀有，那就是你吧！」

真諦的弟子和再傳弟子與玄奘多有因緣，前後兩次傳譯的唯識學說之間有著薪火之傳。

道尼親承真諦聽聞《攝論》，較能講出真諦所傳唯識學說之純正與深密的思想。真諦講解經論又精又細，道尼大抵沾染這種學風，為人處世的態度或許偏於嚴肅。道尼講述唯識義理應當會嚴格要求，致力符合承自真諦的師說；這種謹守印度傳承的佛教學術風格稍缺靈活轉圜，可能與中國佛教圈既有的佛學取向和學佛風氣發生某些磨合上的問題。

許多研究《攝論》者或許同時聽聞道尼與曇遷的講席，從兩位論主那裡都學習到很多義理；只是，在選擇正式跟隨的老師時，曇遷似乎具備他的優勢。曇遷融通《攝論》與佛性經論的講說內容，較能適應中國佛教文化環境；再者，曇遷能與政治權力當局建立非常良好的關係，深得帝王賞識。

慧休在師承上仍為靈裕的弟子，結束都城之行，追隨師父回到相州（州治在今河南安陽）。慧休同時從曇遷與道尼聽講《攝論》，也弘揚《攝論》，應會綜合兩位老師的學術風格與內涵。其研究經論的嚴謹學風比較靠近道尼；而最有可能的影響因子，是深受其師父靈裕的人格德行與佛學態度所感召。

曹毘一系

曹毘是真諦的菩薩戒弟子，真諦首席弟子慧愷的叔父之子，在嶺南追隨真諦專門研究《攝論》。真諦圓寂後，他在太建二年禮請始興建興寺的僧正明勇為大眾講說《攝論》；晚年回到江都（今江蘇揚州），繼續修習與弘講《攝論》，吸引許多學問僧人前來聽講。

聽聞他講說《攝論》而有記載者，包括僧榮與法侃；僧榮又傳慧璡，法侃又傳道撫。僧人不拜白衣為師，法侃與僧榮只能說從曹毘聽講《攝論》，不能說是他的弟子。

僧榮在江都聽曹毘講解《攝論》，隋代時受詔入住禪定寺，是對其通達佛法義學的極大肯定。然而，他的生平事蹟卻無專傳記載，只在其弟子慧璡的傳記中見到零星記述。

慧璡是江都人，自小表現出慧根，七歲即跟隨僧榮出家，隨侍老師不離左右。他聽僧榮講說《攝論》，領悟超出當時同輩；等到慧璡自己講說《攝論》，獲得很多人的讚賞。

隋代仁壽年中，僧榮被召入禪定寺，慧璡跟隨進入京城擔任侍者。慧璡受具足戒後，專研戒律，聽洪遵與智首二位律師講解戒律各二十多遍。他謙虛學習戒律，而不論說律學；只有在弘講《攝論》時，才附帶說明律相。當時的人認為，他是寄託大乘佛法來弘揚戒行規範。所以，慧璡的講席以《攝論》為主，他同時重視戒律實踐。

貞觀年初，他擔任雲花寺的上座，經常弘講《攝論》，教導戒律。晚年又受敕入住普光寺，寺內眾僧都受其教化，持戒嚴謹。

法侃在泰山靈嚴寺出家，清靜禪修。受具足戒後，參訪各地名師，廣學諸家學說。他跟隨淵法師學習《十地經》與《菩薩地持經》；淵法師並且指點他，以後有機會遇到法彥，可同他討論義理。北齊亡後，北周滅佛，他於是南下建康，繼續聽講經論。

陳代世局緩和時，他到江都，住在安樂寺。聽說曹毘居士親承真諦，精通《攝論》，便去向他學習這部論書，請其開決佛法深義。曹毘講解《攝論》的勝相法義，然後由法侃覆述所聽內容，曹毘自己也在一旁聽他講說，唯恐他有所遺漏；每當法侃講出深奧義理，並且合乎論旨，曹毘都鼓掌說好。

隋煬帝還是晉王的時期，在京城創建日嚴寺，召請名僧駐錫此寺，法侃是入選的高僧之一。法侃在日嚴寺棲心於止觀，修習禮懺，時而開講《攝論》，引領眾人精進學法。法侃在都城見到法彥，很佩服當年淵法師的鑑識能力。開皇年間，下敕以法彥為《大智度論》座主，住真寂寺，法侃應與他研討過這部中觀學派的釋經論書。

法侃專研《攝論》，屬於真諦法脈，遠承世親；他經過曹毘的悉心教導，能剖析精義，開決要旨；講說義理，解釋名相，格外清楚明晰。他有弟子道撫，已是京城名師，原本住在總持寺（隋代時為禪定寺），採取不同學說來貫通《攝論》。等到他置身法侃的講席時，屢次開通難關，於是衷心敬服，專心聆聽，承接教導，捨棄原本所學，跟從真諦所傳，弘揚《攝論》。

道撫學習《攝論》的歷程透露出一個重大訊息。中國當時的攝論學者有兩條養成進路，一是真諦所傳義理的前後相承，一是自行研讀《攝論》而獲致理解；前者較為純正，而且理解細緻。道撫原本聽聞其他學說，對《攝論》予以融會理解；直到接受法侃的教導，方能了知正宗的唯識精義。

到了唐朝，道撫受詔入弘福寺，但他並未住進該寺，而前往汾州（今山西交城）玄中寺，與道綽一起修學與宣揚淨土法門。道宣在《續高僧傳．道綽傳》有一段評論：「現在有惰夫（懈怠之人），口中傳述《攝論》，心不觀想憶念，接觸外境又生妄想，用此來招攬生徒，恐怕難以承續下去。」淨土法門興起後，中國佛教學風有所轉變，道宣其實是在肯定道撫能將唯識與淨土並修。他所說的「惰夫」，是指那些慧解能力不足、口說《攝論》卻心不觀修、又不念佛之徒，只是用道撫來與他們做高下對比。

法准在真諦圓寂後與僧宗一起返回廬山弘法，之後就未見到他的消息。

《續高僧傳》記載有淨願是依法准學習《攝論》的，便將他附在這裡介紹。

淨願三十歲才出家，受具足戒後，專攻律典。其後日夜精勤研讀經論，觀看五遍即能講說。他講過《四分律》十遍，又講《十地經論》、《華嚴經》及聲聞部派論書。

淨願後來師從法准學習《攝論》，對於綱領與文義皆能通曉，對答如流，論說精當。他分判綱目，著作章疏，幫助眾人理解此論。晚年到了京城，辯才無礙，說理條暢，能解開眾人的疑惑。接著遷移到寶昌寺，前文所述的明及與智凝都曾經住在此寺弘講《攝論》。

他一年四季接引學法者，草堂、土堆都可弘講，白日講《攝論》，夜晚說《雜心論》；或是統貫詮解《涅槃經》，或分判細講《四分律》；不須等待閒暇，他隨時都可教導後輩，所講述的法義有別於舊有的解釋。縱使是很難解讀的《舍利弗阿毘曇》，淨願一閱論文便能深徹明瞭，撰寫義疏十卷，文義完備明晰。

淨願既通達義理，又嚴格持戒，講經說法有其新異內容，招致一些品評上的雜音；眾人固執於原本所學，有段時間聽講者不多。當辯相被召入洛陽的慧日道場而離開京城，現有徒眾百人都是佛法識途之人，全過來追隨淨願；他們所聽聞到的法義倍增，而且很多是未曾聽過者。

辯相是隋代淨影寺慧遠的弟子，學《十地》等經論，尤其精於《涅槃經》，曾特地前去徐州聽曇遷講《攝論》與《毘曇》。他的弟子眾會轉而追隨淨願，《攝論》應是牽線的重要因子。

真諦的弟子與再傳弟子似乎都有一種特殊個性，他們對於《攝論》的解讀會遵從師說而相對細緻，帶有某種印度佛學格調，而在為人處事上似乎較為嚴肅，可能影響到聽法者對他們的第一印象。然而，經過一段時日的接觸，熟悉他們的解經模式，便會轉而驚訝於他們所傳義理的精緻合理，而且文義解釋十分清楚詳細。

曇遷私淑

曇遷對於《攝論》義理的習得並無明確師承，他所研讀的《攝論》是真諦譯本，並且鑽研其他幾部由真諦漢譯的佛典，有人甚至將他比附為真諦傳記中遙指的那位西北大國的大根性人。

真諦漢譯《攝大乘論釋》之前，北魏時代佛陀扇多已於洛陽譯出《攝大乘論》，但只有無著的論本而無世親的注釋，且譯文艱澀，多處語義不易了解。真諦所譯《攝大乘論釋》是將論、釋都傳譯過來，文義比較明了清晰；再者，真諦在翻譯同時給出詳細解說，真諦弟子與再傳弟子因此擁有他們的獨門傳授。另有一本《攝大乘論釋》是由笈多與行矩在隋代大業五年（西元六〇九年）譯出，在真諦譯本已通行的情況下，便沒那麼受重視。曇遷是獲得真諦的《攝大乘論釋》而自行研究，私淑於真諦。

曇遷出身於士宦之家，自幼學習儒家經典，對《易經》尤其通達；後來又學《禮記》、《詩經》、《尚書》及《老子》、《莊子》諸書，讀過一遍即能理解。了知玄學後，就關注《莊子》、《周易》，傾心於佛經。他想要出家探問終極真理，但雙親疼愛不捨，懇求許久才得到他們的首肯。

他最初想跟隨饒陽（今河北饒陽）曲李寺的慧榮出家；慧榮會占相，知道他是濟世法器，唯恐埋沒人才，堅拒他在該寺剃度。二十一歲依止定州（今河北定州）賈和寺的曇靜律師落髮。受具足戒後跟隨老師到五臺山遊歷，見證了許多神異跡象。

曇遷後來到北齊鄴都，聽聞許多經論講席，而後選擇到曇遵那裡稟受佛法綱領；曇遵是地論學者慧光的弟子，所以曇遷原本所學是《十地經論》一系。當時齊國佛法大盛，曇遷卻辭謝世間名利，隱居於林慮山黃花谷的淨國寺，鑽研《華嚴》、《十地》、《維摩》、《楞伽》、《地持》、《起信》等經論，研究其精微意趣。

曇遷曾經為了探求《唯識論》，罹患心熱病；專依對三寶的信心，不用醫藥，夜夢中感得月亮進入懷中，拿取服用，而得痊癒。因為三寶聖力加持，服食月亮成就德業，於是私下改名號為「月德」，常以此名自稱。

北周取代北齊，武帝毀佛；為了保存佛法與戒律，曇遷與其他法師結伴南下金陵（今江蘇南京）。初抵楊都（建康），住在道場寺，穿著袈裟乞食，攝受心念於佛法真理，經常與道侶講談唯識義理。

曇遷在桂州刺史蔣君的宅邸獲得一部真諦所譯的《攝大乘論釋》，視同完整渾圓的如意寶珠。在此之前他講說唯識，大致研究總體義旨，至於精深義理就有所滯礙；現在得以深入大部典籍，文句意義甚為明晰。他生起弘講這部論典的強烈意念，使學法者得以聽聞，傳播於北方家國。

北周政權殞落，隋朝時代興起，曇遷於是與南來僧眾法侶一同辭別建康，準備動身返回北地弘法。僧俗法友在建康西南的新林為他們餞別，各題詩文篇章，握著雙手道別，場面令人傷感。

他們在石頭這個地方登船，即將出發，突然風浪猛烈湧起，眾人束手無策。

唯有曇遷專心一意，捧著《攝論》稟告江神：「今日想將大法開示於未知者，如果北方國土無此福運，命勢如此，又能如何？若註定應當聽聞大乘教法，則懇請止息風浪。希望傳法的功業在冥冥中有所託付。」話一說完，很快風平浪靜，平安抵達對岸。當時有人認為，這部論書在南方譯出，因此護國神祇不許帶往其他國境。

曇遷北上後首先停留在彭城，遠近的佛教學人都前來聽他說法。有位檀越施捨宅院供他安住，將其命名為慕聖寺。曇遷開始弘講《攝論》，又講說《楞伽》、《起信》、《如實》等經論，法筵相續不絕。這是他在北方首開《攝論》講學，而《起信》、《如實》亦是真諦所譯論著。同一時間，受學於真諦弟子法泰的靖嵩也來到彭城專弘《攝論》。彭城當時成為《攝論》的聖地。

隨後，又有名高位重的官員將曇遷請去廣陵（江都，今江蘇揚州）講說《攝論》，聞風前來請益者有千人之多；他的精彩演說，使得那位高官服膺於大乘佛法，全家從曇遷受戒。彭城士庶眾人再度渴望聽聞他說法，江都講完，又被迎請北上。曇遷大轉法輪，聲名遠播。

開皇七年（西元五八七年）秋天，隋文帝下詔請曇遷進京，連同其弟子通曉法義者十名住進大興善寺；他與京師的五大德一起在大興殿拜謁皇帝，蒙受特殊優禮。因為《攝論》甫在京城開闢，佛教學人紛紛前來請法，曇遷於是為他們講解，受業者達到千人；連淨影寺慧遠那樣的佛門領袖都親來參預法席，聽聞稟受法義。自此以後，傳燈於眾多弟子，《攝論》成為一部大受歡迎的佛典。

曇遷憑藉著自己與隋文帝的良好關係，加上靈活運用各種特殊兆象，推動維護三寶與振興佛教的事業。仁壽年間，促成文帝在全國百餘處興建舍利塔。獻王后過世，文帝於都城西南營建禪定寺，頒下詔書：「自僧稠禪師以後，禪門不開，雖戒律、慧學仍在弘通，但缺少定行。現今所建寺院既然名為禪定，期望承續前賢行跡，應於國內召集禪師一百二十人，各帶二名侍者，全委由曇遷禪師訪求拔舉。」曇遷成為禪定寺這座名寺的住持。

曇遷撰作《攝論疏》十卷，每年弘講一遍；每當他解說此論時，京城其他各類佛典講席都暫停運作，大眾帶著渴望心情競相前往聽講。他還撰有《楞伽》、《起信》、《唯識》、《如實》等疏解，《九識章》、《四明章》等著述，及《華嚴明難品玄解》，總計二十餘卷，都於世上流通。

曇遷對於真諦所譯《攝論》的弘揚功績最大。從他的學思歷程與各種著述來看，他主弘《攝論》，也融會了其他經論義理。曇遷的攝論學含有清淨真如的本覺思想，玄奘弟子圓測在《解深密經疏》引其《九識章》的一段話：

> 第九阿摩羅識，此云無垢識，真如為體。於一真如，有其二義：一、所緣境，名為真如及實際等。二、能緣義，名無垢識，亦名本覺。具如《九識章》引《決定藏論．九識品》中說。

由此可知，曇遷主張，阿摩羅識是本來覺悟的無垢識（清淨識），以清淨真如為其所緣境（認識對象）。

曇遷的弟子眾多，僧傳中見到記載者有十四人，日本學者鎌田茂雄在《中國佛教通史（四）》指出可分為三個系統：一、先師事曇延學《涅槃經》，後向曇遷學《攝論》者有慧海、道遜、玄琬、法常等。二、先向地論師南道派大師慧遠學習《十地經論》，再聽曇遷講《攝論》者有淨業、淨辯、靜藏、辯相等。三、直接追隨曇遷學《攝論》者為道哲、道英、道琳、靜凝、明馭等。其他未見記載者應有更多人。

對比於真諦弟子嚴格稟持師說，曇遷的佛學風格有其另一種開通展現。他廣學一些佛性如來藏系統的經論，自行研修唯識學說，對於《攝論》並無緣見到真諦的詳密釋義，在論文解讀方面反倒有較多創造性的空間，因而與中國佛教思想語境容易嵌合。

除了佛學方面的優越表現，曇遷更擁有靈活變通的人際關係能力，與帝王高官和佛教學者相處融洽。那些原本研究《涅槃經》或《十地經論》的佛教學人，或許會覺得曇遷的《攝論》義理較好接軌吧！

真諦漢譯佛典是唯識經論在中國的首次系統傳譯，其中以《攝大乘論釋》與《俱舍釋論》為大部論書的完整譯出，構成整個傳承法脈的鎮山寶典。後來在弘傳上幾乎側重於《攝論》，如此的偏向帶來長期發展的隱憂。

首先，在義理完整性方面，彌勒、無著、世親傳下許多唯識經論，這些經論在義理上可以互為補充與相互限定，構築成一套系統嚴密且說理明晰的思想體系，單憑《攝論》一書並無法道盡瑜伽唯識佛學的整體教理；只專注於弘講《攝論》，其他唯識經論在充實義理方面的解釋功用便無法發揮。

玄奘弟子窺基在《成唯識論述記．卷一》歸納代表唯識學說的經論，除了《唯識三十論》這部總綱性論書，尚有「六經十一論」。「六經」是《華嚴》、《解深密》、《如來出現功德莊嚴》、《大乘阿毘達磨》、《楞伽》、《厚嚴》諸經；「十一論」包括《瑜伽師地論》、《顯揚聖教論》、《大乘莊嚴經論》、

《集量論》、《攝大乘論》、《十地經論》、《分別瑜伽論》、《觀所緣緣論》、《二十唯識論》、《辯中邊論》與《阿毘達磨集論》等諸部論書。除了某些經論已有譯本，玄奘對於未曾漢譯的重要經論都會極力傳譯，甚至對已有漢譯者進行重譯。

玄奘學系是用整套經論來解讀唯識學說，攝論學派主依《攝論》一部，對比之下不免顯得單薄，許多重要的唯識義理觀點因而解釋不足或意義模糊。玄奘譯出《成唯識論》這部注釋《唯識三十論》的詳解論書，取代《攝論》成為唯識學研究的重心，並且對其他瑜伽行派的論書同樣給予重視，以收義理互補之效。

其次，就譯文忠實度而言，真諦與玄奘都盡其最大努力來翻譯佛典，追求所能達到的最高品質；然而，對比玄奘譯場，真諦的譯場明顯面臨較多局限。真諦雖可通漢語，在譯文表達的精確性仍有賴與弟子們仔細討論。弟子不通印度語言，其間必然發生語義與教理溝通上的一些隔閡，有時甚至將真諦本人的講解內容記錄為譯文。玄奘的情形則不同，他對梵漢二種語言都相當精通，能夠根據他所學的印度傳承，非常忠實精準地對譯經論文句，準確度甚高，其他助譯者可幫助譯文品質的進一步提升。

真諦在克難的條件下翻譯經論，所憑藉的是自己與助譯弟子們的熱情，不畏艱辛地完成漢譯工作；有如此的譯經品質與成果，實已難能可貴。玄奘是在國家譯場豐沛資源的支持下安穩地漢譯佛典，譯經團隊成員經過精挑細選，譯場組織分工嚴謹，各種條件和合具足，翻譯品質超越真諦所譯是可以預見的結果。後出轉精，玄奘的高品質譯經問世之後，很快成為研讀唯識經論的首選譯本。

最後，關於唯識學派的義理歧異，真諦與玄奘屬於不同的唯識學說分派：真諦比較接近安慧論師的觀點，玄奘相承護法論師的義理體系。例如，玄奘學系支持「有相唯識」說，主張在認識時會在心識（含心所）中先行產生見分（認識主體）與相分（認識客體）的緣起假有形像，再被錯謬地認知為心識作為主體（能取）在認識心識之外的客體（所取）。真諦傾向「無相唯識」說，並不承認先有見分與相分的心識內部形像，而是直接形成錯謬理解的認識結構（能所二取）。

又如，玄奘強調第八阿賴耶識是染汙的，須要轉化第八識的心體以成就清淨心識。真諦同樣肯認第八識為染汙性質，但主張必須將此識完全滅除而非轉化，在其所譯唯識論典的思想體系中另外提出清淨的阿摩羅識作為第九識。至於第九識是滅盡第八識之後方得顯現的清淨心識，還是可含藏於第八識底層的清淨真如，則是有待進一步研究的課題。

真諦與玄奘二人所承唯識學系在思想上存在一些差別觀點，以上所舉為其中重要的二點。佛教學人都致力於追求正確無誤的真理理解，不同學系之間免不了因觀點差異而相互論辯。當玄奘及其弟子以護法所傳唯識學說作為義理標準，對真諦譯本的批評，就不僅止於譯文忠實與否的層面，還涉及義理觀點歧異的抉擇問題。

來到玄奘譯經與傳法的時代，真諦已經圓寂百年，在新舊唯識學說的論辯場合中缺席。玄奘學系在具備發展優勢的局面中，在歷史上取得了唯識學說的正統地位，宗本於真諦所譯《攝論》的攝論學派逐步淡出了弘法的舞臺。直到二十世紀的佛教學術圈，真諦所傳唯識學說的重要價值才為人所重新發掘。

真諦與玄奘各自傳承印度不同學系的唯識學說，吾人今日宜站在較為公允的立場來觀照二位大師所傳的唯識思想；不是評價誰高誰低，而是看出他們為後人理解唯識學說提供何種義理資源。

貳・阿摩羅識思想

捨凡夫法阿羅耶識滅，此識滅故一切煩惱滅。阿羅耶識對治故，證阿摩羅識。阿羅耶識是無常，是有漏法；阿摩羅識是常，是無漏法。

真諦提出「阿摩羅識」（淨識、無垢識）的概念，且有將其視為「第九識」的這種說法，相對於通常所見唯識義理體系的八識說，確實是非常獨特的觀點。在真諦譯作中出現阿摩羅識的地方，現代學者將之與其他漢譯本及梵文本、藏譯本進行文句對照，發現其他各本中的對應詞語並非「阿摩羅識」（Amala-vijñāna）的意思，這個名相可能出自真諦的詮釋性翻譯，藉以傳達特殊的義理訊息。

「阿摩羅識」意謂清淨識，這個特別心識的定位與意義為何，及其與第八阿羅耶識（阿賴耶識）的關係如何，是一個不容易釐清的問題。其意義是說，在八識之外另有一個全然清淨的心識？或是阿摩羅識其實是第八識經徹底淨治轉化後的體證結果？還是第八識本身是個染汙與清淨的和合體？阿摩羅識這個概念留給後世佛教學人相當大的思考空間。

玄奘所傳唯識學說，將第八識視為純粹染汙性質；「轉染成淨」後的佛位，第八識完全轉化為「無垢識」（清淨識），如其弟子窺基於《成唯識論述記．卷三》說：「此無垢識，是（大）圓鏡智相應識名，轉因第八心體得之。」凡夫的染汙八識與佛陀的清淨八識對應嚴整，無須建立一個第九識。

相較於此，真諦之阿摩羅識說的結構要複雜一些，主張此清淨心識非由第八識的心體轉化而來，強調它是滅除第八識以後所顯現者。真諦安立阿摩羅識應有其特殊關懷，及蘊含有八識系統之外的思想與實踐意涵。

阿摩羅識這個獨特的佛學術語出現於真諦所譯的《決定藏論》、《轉識論》、《三無性論》、《十八空論》等論典中。透過對這些論典文脈的仔細爬梳，並結合真諦其他漢譯唯識典籍的相關論述，探求真諦以「阿摩羅識」一詞替換其他名相或補充義理信息的用意，將有助於了解他所傳述唯識佛學的重要思想特色，及後代學人對這種心識意義所做的承續、發揮或批判。

唯識學說

想要了解真諦的「九識」觀點，必須先行理解唯識學的心識觀念系統。中國佛教界一般所知的唯識義理主要根據玄奘所傳，對真諦的唯識思想比較缺乏認識；真諦與玄奘兩位大譯師所傳弘的唯識學說，屬於印度瑜伽行派的不同學系，一些重要的理論差異應予以注意。唯識學理論體系龐然與複雜，這裡只概述八識、唯識無境、種子、三性、二空、真如等重要思想概念。

印度佛教經論原本只講到「六識」（前五識加上意識）；部派佛教時期探求輪迴的主體，出現細意識、根本識等相續識心的發展。到了瑜伽行唯識學派，明確增加一個作為萬法生起所依的阿賴耶識（阿羅耶識、阿黎〔梨〕耶識、藏識、根本識），而成為七識系統；後來，又特別分出一個產生我執作用的第七識（末那識、意），完成八識系統。真諦似乎想在八識的義理基礎上再補充一個第九識。

無論是真諦還是玄奘所傳的唯識學說，都將作為根本心識的阿賴耶識視為純粹染汙的性質，在佛法修證上必須將其徹底轉變或捨除，以豁顯全然清淨的智慧心，這就是「轉依」的概念——「轉捨」原本的雜染心識狀態，「轉得」清淨的智慧心識。另有人認為，真諦主張第八識具有清淨與不淨二面，這個看法可能不是對其唯識思想的適切理解，下文會有詳細論證。

第八識作為世間現象萬法的根本依止，含藏一切諸法的「種子」；種子意指具有能生的功能，也就是生起種種事物的主要原因，是一種現起萬法的潛在力能。種子分為與煩惱相應的染汙種子，其為凡俗世界現起的原因，以及證得菩提聖性所依據的清淨種子。

染汙種子是從無始時本來具有，或由後天熏習而產生。（註一）阿賴耶識為染汙性質，本身真正所攝藏的種子屬於染汙種子，由這些種子因緣和合，現起了自身與前七識（七轉識）的心識作用（現行）；前七識受煩惱影響的作用結果，又熏習為染汙種子藏於阿賴耶識中。以阿賴耶識的種子為因，現起前七識活動的果；以前七識的現行作用為因，熏成阿賴耶識種子之果，第八識與前七識如此互為因果。

心識的基本功能就是單純的認識作用（了別），識取對象，引領其他相應心理活動（心所）共同認識同一對象，合力完成對於該對象的總體與細部的認識。在八識產生認識作用的同時，於心識內部變現出認識的主體與客體；因而是心識中的主體在認識客體，而非心識作為主體在認識自身以外的客體。

一切萬法不過是心識的顯現，並不存在心識之外作為認識客體（境）的各類事物，這種觀點概稱為「唯識所現」、「唯識無境」。然而，凡夫的虛妄分別認識活動將認識對象誤認為存在於心識之外，這是錯謬的認識結果。

以色、受、想、行、識「五蘊」（或稱「五陰」）為例，這些是構成有情身心個體與世間事物的五類基本要素。色法屬於物質性，識蘊指心識（心）本身；受、想、行等，則是伴隨心識而起、輔助細部認識的心理活動（心所）。初期佛教經典中的色心諸法是並立的，心識與名色（其餘四蘊）是相互依緣的關係。

部派佛教時期，著名的「說一切有部」（由上座部分出，為小乘二十部之一）將五蘊各項均視為實有的存在，大乘佛教的中觀與唯識二派都對此說展開批判。中觀學派主張色心諸法全部空無自性，也認可它們在緣起假有上的並存。瑜伽唯識佛教興起以前的主要佛教學派，普遍接受認識對象可在心識外部；因此，「唯識無境」是一種新異的觀點，不易為既有的佛教傳統所接受。

有別於之前普遍的佛學觀點，唯識學說只承認心與心所是由第八識的種子因緣和合所生起，其餘的物質性事物，及世人所思所想的諸如時間、空間、語言等各種現象，都是心識在認識之時於自身內部所顯現的對象，全然不存在心識之外的身體、環境及其他諸法。「唯識」，意謂著唯有心與心所，其餘包括色法在內的現象諸法，都是由心識所變現而被執取的虛構性心外存在。

第八識作為根本心識，除了攝藏一切諸法種子而可作為輪迴主體之外，在起認識作用的同時，也在自心內部對象中顯現出有情的身體形軀與生存環境，可說顯現了一切萬法。第七識在認識時，是以自心中所現起的第八識形像作為認識對象，將其錯謬地執取為永恆、一體、具主宰力的「自我」。

前五識各自認識自心所現的色、聲、香、味、觸（五塵）等境相。第六識在配合前五識認識的情況，識取自心中相應而顯現的五塵對象；或是在五識未起的情況下，單獨認識自心中所現的法塵對境。第六識以染汙的第七識為所依，具分別與執取的性質，錯誤地將認識對象執取為心外的實在自我和實在諸法。

阿賴耶識中真正所攝藏者是染汙種子，而佛法修證成果是以清淨種子為因；那麼，清淨種子由何而來？依止於何處？真諦所譯《攝大乘論釋・釋依止勝相品》說：「最清淨法界所流出的正聞熏習為種子，所以出世心得以生起。」最清淨法界是佛陀所覺證的真理境界，這種導向出世覺證的清淨種子得以熏習而成，須以聽聞由如來無上覺悟之心所流出的真理教法為依憑。

這類清淨種子對治阿賴耶識的染汙種子，與阿賴耶識的染汙性質正好相反；然而，仍須有個穩定的依止處，否則無法持續保藏，唯有恆常運轉而不中斷的阿賴耶識最為適合，所以將其「依附」於阿賴耶識中。清淨種子與阿賴耶識不相分離，就像水與乳的關係，雖染淨性質不同而相合不離。因此，不能說清淨種子攝藏於染汙的阿賴耶識中，而是寄託性地依止於這個根本識。

真諦所傳唯識學說屬於「無相唯識學」，有別於玄奘所傳的「有相唯識學」，主要差別在於：心識發生認識作用之時，是否會先在心識中現起以種子為因、因緣和合而成立的認識主體與認識客體的「行相」（ākāra，形像、影像）。這種行相是由心識所變現，是因緣和合的假有存在，不是虛無，非如龜毛、兔角那般無中生有的妄相。有相唯識學主張心識內部會顯現這種緣起假有的行相，無相唯識學則否定有此種行相。

玄奘依護法論師所傳而主張，心識於認識之時會先在內部形成見分（主體）、相分（客體）、自證分（認識見分活動）、證自證分（認識自證分活動）的四分說；這四分是由種子因緣和合而現起，是假有而非虛無，並不算是妄相。真諦依安慧論師所傳，則否定心識中有見分、相分等行相的顯現，心識種子因緣和合起認識作用時即構成具分別性質的迷亂心識（bhrānti-mātra，亂識），並且顯現出虛妄不實的相似認識對象（似塵，相似塵境）。

因為有行相與無行相的主張不同，對於唯識學「三性說」機轉的解釋也就有所差異。三性是遍計所執性（分別性）、依他起性（依他性）、圓成實性（真實性），是對一切諸法的三種認識面向，其中有虛妄、有真實。

「圓成實性」就是真如實相，人法二空所顯現的真如。「依他起性」是自識種子因緣和合所現狀態，玄奘說是心識中所現見分、相分等緣起假有的四分行相，仍為正確認識內容；真諦則說依他性是能分別的迷亂心識（亂識），已具虛妄分別的意涵。「遍計所執性」是在煩惱與所知二障的遮蔽下，錯謬地將心識所顯現的相似境相執取為心識外部的實我與實法。真諦說，由亂識現出作為所分別的相似認識對象（似塵），凡夫誤認為它們存在心識之外，此為分別性（遍計所執性）。

「我執」是將阿賴耶識執取為永恆不變的自我（精神實體），「法執」是執取事物具有永恆不變的自性，都是實有見。我執對應於「煩惱障」，即障礙解脫的三界貪瞋癡煩惱；法執對應於「所知障」，是遮障菩提的智慧障，應知而不能知。玄奘所持的三性說，依他起性像個中轉界面，可染可淨。當在依他起性上起遍計所執，就只會錯謬地見到實我與實法，依他起性與圓成實性同時被遮蔽；如果在依他起性上完全去除遍計所執，則能如實地觀見依他起性與圓成實性，這是對唯識真理的覺照境地。

至於真諦所依據的無相唯識學，並無見分、相分等作為中介，因而主張：認識之時生起依他性，即成虛妄分別的迷亂心識，作為能分別的主體（能取）；

由此必然衍生出分別性（遍計所執性）的認識客體（所取），將迷亂心識所顯現的相似境相執取為心識外的真實存在。

了知唯識真理，多多修習觀照，見到所執心外客體的虛妄無實；當作為所取的客體不存在，則迷亂心識的這個能取主體亦無從生起；這時，即消除依他起性的分別性質，無分別智生起，單純照見圓成實性。

唯識佛學的修證目標，就是要體證人法二空所豁顯的真如實相，必須滅除煩惱障與所知障，破除我執與法執。首先，了知一切現象諸法都是心識的變現，虛妄不實，將諸法收攝於心識。

其次，觀照心識同樣是無常變異、緣起性空；即使是作為根本識的阿賴耶識，也是眾因眾緣所成，剎那變異，本性是空。諸法空，阿賴耶識空，由此唯識道理達致人法二空的領悟，從悟起修，直到煩惱障與所知障徹底消除。

從聞熏習開始，進一步思惟、修習，增益清淨種子，對治染汙種子，使其不斷減損。當染汙種子盡除時，即達到究竟轉依，轉染成淨，轉識成智，轉捨染汙的阿賴耶識，轉得清淨心識（大圓鏡智），其餘七識也都轉化成為清淨智心。真諦依據其唯識義理對於成就這個圓滿階位的說明方式，是滅盡阿羅耶識，證得阿摩羅識。

阿摩羅識——《決定藏論》

「阿摩羅識」在《決定藏論》中共計出現了十一次，如果與玄奘所譯的《瑜伽師地論．攝決擇分》文句對勘，分別對應於「轉依」（八次）、「轉依力」（一次）、「淨識」（一次）等譯詞，「阿摩羅識」一詞可說是帶有真諦個人思想特色的譯法。

阿羅耶識（玄奘譯作「阿賴耶識」）含藏一切萬法的種子，是所有煩惱生起的根本。瑜伽行者想要轉捨阿羅耶識，首先應當從事何種真理觀修？《決定藏論．卷上》說：（語譯）

修習善法，此（阿羅耶）識由此滅除。所謂的修習善法，凡夫生起善法思惟，將諸識（六識）作為觀照對象，進行專注攝心，初步觀想真理。如果了悟四諦，得到法眼清淨智慧（見道位），則能開始破壞阿羅耶識；未照見四諦，則不能破壞。何時能照見阿羅耶識？如此持續觀修，如果聲聞人進入不退地，及菩薩進入不退地，而能通達法界，便能照見。

這段文句的意旨是說，聲聞人觀修四諦真理，大乘人觀照人法二空真理，達到最靠近於開悟見道位的「不退地」（玄奘譯作「正性離生」〔註二〕），是開始了悟法界真理而能正確觀知阿羅耶識的位次。其後隨著階位的晉升，一分一分將阿羅耶識轉捨；等到將阿羅耶識完全轉捨之時，即為徹底轉染成淨的「轉依」體證。唯識學「轉依」的意義後來發展得很複雜，在《決定藏論》這裡的語境可先理解為徹底淨治煩惱、體證涅槃這種程度的轉染成淨涵義。

真諦在《轉識論》第五頌之處，將此種轉捨阿羅耶識的修行階位譯為「羅漢位」；以阿羅漢的斷煩惱層次為標準，是廣義的「轉依」意涵。有四種人可證得「羅漢位」，即阿羅漢、辟支佛、不退菩薩、如來世尊；「不退菩薩」指八地以上證得無生法忍而能斷除三界煩惱的大力菩薩。這些聖者至少都達於「人我空」的完全覺證，滅盡貪瞋癡煩惱（煩惱障），解脫生死輪迴。瑜伽唯識佛教對於轉依比較早期的樸實觀點，即指這種解脫三界生死流轉的修證境地。

《決定藏論》中提到「阿摩羅識」有三個段落，其中第一個大段落中出現九次，可分成七個小段來研讀：

（一之一）《決定藏論．卷上》說：（一之一至七皆語譯）

以真如境為觀修對象，精進修習，多多修習，斷捨阿羅耶識，就捨離凡夫性質。捨離凡夫性質，阿羅耶識即滅除。因為此識滅除，所以一切煩惱滅盡。

因為對治阿羅耶識的緣故，而證得阿摩羅識。

觀照空性真如的真理，是阿羅耶識的對治方法，可藉此滅盡一切煩惱，而證得阿摩羅識（轉依）。阿摩羅識與阿羅耶識的性質正好相反，是徹底淨治染汙的阿羅耶識後始能現起的全然清淨心識。

（一之二）阿羅耶識是無常的，是與煩惱相應的（有漏法）；阿摩羅識是恆常的，是不與煩惱相應的（無漏法）。由於得到真如境的道路，而證得阿摩羅識。

阿摩羅識（轉依）是常恆的、清淨的真理覺證境地，與阿羅耶識的有漏性質恰好相對。理解、思惟、觀修真如境，是通向無漏體證的道路。

（一之三）阿羅耶識被麁惡苦果所追逐；阿摩羅識沒有一切麁惡苦果。

麁（粗）惡苦果在玄奘譯本作「麁重」，狹義指煩惱障；阿羅漢、辟支佛、不退菩薩、如來都能滅盡三界煩惱，獲得涅槃體證。廣義而言，「麁惡苦果」涵蓋煩惱障與所知障（二種麁重），所知障唯有如來才能無殘餘地滅除，聖位菩薩能部分斷除。阿摩羅識（轉依）是遠離一切麁重的狀態，但依照對麁重內涵的不同界定，可指向羅漢位或佛位的不同體證境地。

（一之四）阿羅耶識是一切煩惱的根本，不作為聖性菩提（聖道）的根本。阿摩羅識則不作為煩惱的根本，而為聖性菩提的根本。阿摩羅識是作為聖性菩提的依止原因，而非生起原因。

聖性菩提生起的直接原因（生因）是清淨菩提種子，阿摩羅識（轉依）為其依住的原因（依因）。透過真理觀修，使清淨菩提種子（生因）因緣和合成就，而證得阿摩羅識。阿摩羅識（轉依）非生起聖性菩提的直接原因，而是支持住聖性菩提使其持續不失的修證成果。

（一之五）阿羅耶識對於善、無記的諸法，不能自由主宰。阿羅耶識滅除時有另外的相狀，也就是來世煩惱的不善因滅除；由於（不善）因的滅除，所以來世的五取蘊苦（身心諸苦）不能生起。由於現在世的一切煩惱惡因滅除，所以凡夫五（取）蘊滅除；這個身心個體是自在的，就像是變化所成。這是因為捨離一切麁惡果報、證得阿摩羅識的緣故。

證得阿摩羅識（轉依），不受制於麁重障礙，於善法、無記法（非善非惡）能得自由主宰力；阿羅耶識的狀態則反之，受制於麁重障礙。

（一之六）（如此，）由於一切煩惱根本的顯示，由於進入、通達、修習、思惟，及由於證得阿摩羅識，應當了知阿羅耶識與煩惱全部還滅之事。

通過對煩惱根本的確立，進行各種階段的修行提升，當證得阿摩羅識（轉依）之時，則阿羅耶識與煩惱都被滅盡。此句可說是先前諸句的總結。簡言之，阿摩羅識的顯現，是建立在使阿羅耶識的雜染徹底還滅的條件之上。

（一之七）一切世俗法的種子都依於阿羅耶識；一切出世間法無須斷除者，其種子都依於阿摩羅識。

一切染汙種子都含藏於阿羅耶識，阿摩羅識所含攝者則全是清淨種子。此句的阿摩羅識一詞，在藏譯本與玄奘譯本中並無明顯的對應詞語。真諦將世俗法與阿羅耶識連結、將出世法與阿摩羅識連結，成為明確的一組對比。

（二）《決定藏論．卷中》說：（語譯）

一切（修行）眾生都有真如境作為觀照對象，而發生有障礙與無障礙（的差別），所以解脫各自不同。有些眾生具有永久障礙的種子，無法通達真如境界，說這些眾生為無涅槃種性。有些眾生不由這種意義來說其涅槃性，其雖具永久障礙智慧（所知障）的種子，而無永久障礙解脫（煩惱障）的種子，顯明這種意義而有聲聞種性、辟支佛種性。不同前面那種意義，（全無永久障礙者）稱為佛種性。因此並無過失。種種出世間所生之法的相續，依於阿摩羅識而能得到支持；這種相續是阿羅耶識的對治，非以（阿羅耶識）為住處，是無漏界，沒有戲論，遠離一切煩惱。

這段文句非常重要，關涉到唯識學著名的「五姓（性）各別說」，修行者能否證得菩提可分成五類種姓。若具徹底的煩惱障與解脫障，永遠無法證得菩提，為無涅槃種姓人。能證得涅槃者包括聲聞種姓、辟支佛種姓與佛種姓三種人，前二類種姓可斷盡煩惱障而無法全斷所知障；佛種姓人則二種障礙均可徹底除盡。還有一類可證菩提者，在聲聞、辟支佛與佛三類種姓之間尚未得到確定，稱為不定種姓。五類種姓是依二種障礙能否徹底斷除來界定。這些聖者的出世間法生起後得以持續不失，是依住於阿摩羅識（轉依力）。

（三）《決定藏論．卷下》說：（語譯）「阿摩羅識對治世識，甚深清淨，稱為不住。」玄奘的對應譯文作：「又復對治所攝淨識，名無所住。」

屬於世間層次諸識之對治的清淨識，稱為「無所住」。這裡的「阿摩羅識」對應到「淨識」（Viśuddha-vijñāna）。所謂的「對治」，並非意指用出世間淨識直接來對治世間識；而是對治世間識後，與其相反的清淨識現起，作為聖性菩提的依住處與持續支持力量。

綜合以上各段文義，真諦所譯《決定藏論》的「阿摩羅識」應具《瑜伽師地論》中「轉依」的意趣，是一種修證後的成就，也可說是正確修行所達致的一種心識清淨狀態。真諦用「證」或「得」作為「阿摩羅識」這個受詞的動詞，表示此識歷經修證後而得顯現。只是，「轉依」在其早期樸實意義中涵蓋面稍寬，包括阿羅漢到佛的四類聖者；真諦會用「阿摩羅識」來替換這個詞語，想必有其深義，將轉依從其廣義收攝到更明確的所指。

《決定藏論》對應於《瑜伽師地論．攝決擇分》在卷五十一到五十四的部分。《瑜伽師地論．菩薩地》在此之前的卷五十〈建立品〉說：（語譯）

從此（金剛喻定）緊接的下一剎那，即刻證得他人所不共有的佛陀特質，亦即始於如來十力，終於一切種智，都是極為清淨，全是無上。由於證得這些，所以普於一切認識對象全無執著、全無障礙，是最極清淨的無垢智轉依。一傾心專注即為圓滿思惟；像這樣，圓滿的心的車乘超越一切菩薩行與菩薩地，證入一切如來行與如來地。一切內在的所知障的麁重完全斷盡，得到殊勝的轉依。這是無上的轉依，其他一切安止於最勝住的菩薩轉依應知非為最上。

真諦使用「阿摩羅識」的譯語，大抵是想表達這種最極清淨的無垢智（Nirmala vijñāna）轉依吧！也就是如來智慧層次的最上轉依。如果只照《瑜伽師地論》原文譯為「轉依」，語義顯得過於寬泛與模糊，真諦譯為「阿摩羅識」有利於消除歧義；他應是想凸顯出大乘圓滿佛智的意義，只是不一定合於《決定藏論》原本文脈的阿羅漢位涵義。關於真諦之「阿摩羅識」的更完整意義，還須廣為參考由他所傳譯的其他論典的相關解說。

阿摩羅識——其他論典

真諦所譯的《轉識論》即為《唯識三十論頌》的一種漢譯本，其中並添加了一些真諦個人的解釋。第十八頌的譯文中，真諦在所附加的解釋中提到「阿摩羅識」：（語譯）

問：遣除外境歸在心識，始可稱為唯識之義；既然外境與心識都被遣除，有何心識可成立？

答：建立唯識是一直遣除外境而留下心識，最終而言，遣除外境是為了想要空卻心識，這是其真正意義；因此，外境與心識都泯絕，是其目的的完成。這個外境與心識都泯絕就是真實性，真實性就是阿摩羅識。也可就終極而言，這是阿摩羅識。

這是唯識學論說「唯識無境」的真正目的所在，證成心識之真實性（圓成實性）的空性真如。首先，論說外境不外是心識的顯現，將外境收攝於心識當中。其次，將心識的認識對象泯除，缺乏認識客體，則認識主體也不能生起，此時即是泯除主客對立的無分別狀態，心的真實性由此顯現。真諦於此處附加自己的觀點，特別強調這種心識的真實狀態即是阿摩羅識。

修習唯識學的最終目的，即是消解心識的一切錯謬分別與主客對立而體得真如實相，其究竟完成是在佛位的徹底轉依，真諦又將此種心識全然清淨狀態連結到阿摩羅識。

真諦在這段文句的解釋中仍留下一個模糊空間：阿摩羅識是最終轉依後的清淨心識，又說即是真實性（圓成實性），這兩種概念在意義上原非一致。如果阿摩羅識就是真實性，則可貫通於凡夫與聖者的不同層次，只是凡夫的真實性被遮蔽，聖者的真實性已開顯；如果既是真實性又指最終狀態，那就只能是聖者的清淨心識。截至目前所論，阿摩羅識所指比較傾向後一種意義。

《唯識三十論頌》的最後二頌說明佛果，真諦《轉識論》帶有解釋性的譯文如下：

> 由修觀純熟，錯亂執取盡除，這稱為無所得。非心識非外境，這種智慧稱為出世間無分別智。即是對象與智慧的無差別，稱為如如智。也稱為轉依，因為捨離生死的依止。只依住於真如理，因為二種麁重與能所二執全都滅盡。麁重就是分別性（遍計所執性），二執就是依他性，二種都予以滅盡。這稱為無漏界；這稱為不可思議；這稱為真實善；這稱為常住果；這稱為出世樂；這稱為解脫身。在佛三身中就是法身。

真諦真正想說的「轉依」是這種佛果層次的最上轉依，阿摩羅識應當是指向佛位的清淨心識。一切麁重障礙與虛妄分別消除盡淨，照見人法二空所顯的真如理境，這種佛心非為虛無頑空，而是清淨無執的智慧心，能任運自然地展現出種種智慧功用。

《三無性論》中「阿摩羅識」共出現四次。此論卷上說：（語譯）

> 所謂的無變異，顯明此迷亂心識即是分別性與依他性，相似認識對象為所顯現者；由於分別性永遠消除，從而依他性也不存在；這二者全不存在，即是

阿摩羅識。唯獨這個心識沒有變異，所以稱為如如。

真諦的無相唯識學，將受到煩惱與所知二障遮蔽的分別性（遍計所執性）、以及能分別的依他性，共同視為發生於迷亂心識的認識情形；因為，分別性將心識所顯現的相似認識對象錯謬地執取為心識外的實在事物。能了知所執取的心識之外的認識客體並不存在，破除分別性，則認識主體因缺乏其認識對象也無法生起，具分別性的依他性即時消除，無分別的阿摩羅識由此顯露。

玄奘學系的有相唯識學則非如此看。他們只破除全然虛妄的遍計所執性，視依他起性為心識內部的假有，圓成實性為最高真理的實有，兩者皆非虛無，在緣起的依他起性上觀照圓成實性的二空真如。

《三無性論．卷上》又說：（語譯）

小乘人所分辨的一切諸法，只有十二入不是顛倒。現在大乘義破析諸入都不存在，只是迷亂心識所造作，所以十二入即是顛倒，唯有一個迷亂心識非顛倒，所以稱為如如。然而，這個識體仍有變異，接著由照見分別性與依他性而遣除這個迷亂心識，唯有阿摩羅識是不顛倒，是無變異，是真正的如如。

相對於聲聞人將十二入執取為實有，了知其為亂識所現則比較不顛倒；更進一層，唯識學人了知亂識仍是顛倒，阿摩羅識始為究竟的不顛倒。

聲聞實在論者將六根（眼、耳、鼻、舌、身、意六種感官）與六塵（色、聲、香、味、觸、法六種對象）的十二入視為真實存在；從大乘立場來看，十二入也非實有，是迷亂心識所顯現的虛妄外境。第二步，當觀知分別性與依他性的運作，由遣除虛妄外境從而遣除迷亂心識，能消解這兩種虛妄分別性質，獨存真實性的阿摩羅識。據此，阿摩羅識是大乘佛法的最上轉依層次，不共於聲聞佛法的阿羅漢體證。

《三無性論．卷上》又說：（語譯）

先以唯一的迷亂心識遣除外境；其次，以阿摩羅識遣除迷亂心識，所以最終唯有清淨心識（淨識）。

遣除虛妄分別最後獨存的阿摩羅識就是「淨識」，此句有助連結《決定藏論》中的轉依、淨識與阿摩羅識的同義關係。真諦依據大乘唯識教理，試圖將《決定藏論》的轉依理解為佛位的清淨心識。

再者，《三無性論・卷下》說：（語譯）

> 唯為真實性所含攝者，這是不執著名稱與意義這二種相，所以即是對象與智慧無差別的阿摩羅識。

阿摩羅識是修證到究竟階位，超越任何執取與分別，不再有主客分立之照見真如理境的智慧境地，是最極清淨的心識狀態。

如上所述，《轉識論》與《三無性論》都將阿摩羅識視為修證最終的佛位所顯現的清淨心識。然而，心識的真實性（圓成實性）在分別性與依他性起作用時，並非不存在，只是遭到遮蔽；因此，與真實性（真如）相應的阿摩羅識是否也潛存於凡夫的分別心識當中，成為一個費解的問題。前面各段文句，基本上都將阿摩羅識視為修證上的究竟成果。

《十八空論》中有一種稍微不同於先前諸論的說法：（語譯）

問：如果這樣，既然沒有自性不清淨，應該也沒有自性清淨，如何分判法界是非清淨非不清淨？

答：阿摩羅識是自性清淨心，只因受外來塵垢所染汙，因此稱為不清淨；由於外來塵垢盡除，所以安立為清淨。

這個段落原本是在解釋空義的；「自性清淨心」的梵文意旨是說，心（citta）就其本性（prakṛti）而言是光淨性（prabhāsvaratva），光淨也可用來描述空性。真諦既然用到阿摩羅識，顯然賦與了言外之意，阿摩羅識於此處的涵義與其他論書所指應該要能統一。阿摩羅識是自性清淨的，在凡夫層次受外來客塵所遮蔽，而說凡夫心識是不清淨的；聖者能將客塵祛除，則說其心識是清淨的。這裡埋下一個伏筆：阿摩羅識似可潛存於凡夫的心識之中。

《十八空論》繼續解釋說：（語譯）

> 如果說法界必定有煩惱，那就是自性不淨；而這個法界雖然受煩惱所遮蔽，並非自性不淨；因此，不能說必定是不淨或非不淨。……若是如如不離煩惱，

而是煩惱自性，故知清淨而復有不淨的意義。……若是如如雖然不離煩惱、稱為不淨，而仍然不失其自性，亦不轉成煩惱及不善，因此說即是不淨而又有清淨的意義。

在凡夫層次，法界或如如（真如）必定不離於煩惱，於此狀態下雖性質清淨而連結到不清淨的因素。從另一個視角來看，法界或如如與煩惱相合即帶有不清淨的意義，但自性清淨的如如與法界又不受煩惱所染汙，所以說不清淨而又是清淨。這是為了勸勉眾生修行佛道，所以說既清淨又不清淨，鼓舞他們肯認自心本具清淨自性，應當積極修行以消除煩惱的不淨面。

《十八空論》另一段文句說明唯識真理修習的兩個層次：（語譯）

唯識義有二：一、方便，先觀察唯有阿梨耶識，沒有其他認識對象，領悟到對境與觀智兩者皆空，完全消除分別妄識，稱為方便唯識。二、顯明正觀唯識，遣除生死流轉的虛妄識心及其認識對象，徹底淨除，唯有阿摩羅的清淨心。

「方便唯識」屬於聞所成慧與思所成慧，是對唯識真理的思惟抉擇，仍屬分別性的智思活動。「正觀唯識」是通過修所成慧達於真實體證，斷除阿羅耶識，證得阿摩羅識。真諦在這裡導入阿摩羅識，結合其唯識義理觀點，正確體證空性即在顯明究竟的清淨心識。

真諦如果只依據唯識學說來解釋阿摩羅識，將其視為徹底轉依後的修證結果，是很難清楚說明「阿摩羅識是自性清淨心，只因受外來塵垢所染汙，因此稱為不清淨；由於外來塵垢盡除，所以安立為清淨」一段話，這是佛性如來藏說的常見表述方式。如果是在唯識學說的義理脈絡中，引入如來藏的思想資源，則有助化解詮釋上的難題。因此，還須進一步考察由真諦所漢譯的唯識經論中援引如來藏說的情況。

九識思想

唯識經論中比較早期的部分只見到七識的觀點，八識的架構尚未完成。如《解深密經．心意識相品》說：（語譯）「由於阿陀那識作為依止、作為基礎，六種轉識生起，也就是眼、耳、鼻、舌、身、意（六）識。」這裡的阿陀那識（ādāna-vijñāna，執持識）在意義上通於阿賴耶識，以此識為依止而有六種轉識的生起。

《決定藏論》也有只說七識之處，但同時可看到八識的結構：（語譯）阿羅耶識或是與一識同時相應生起，所謂的心（末那）。由心（末那）而有我見、憍慢等（相應的思量）作用相，在有意識狀態或無意識狀態恆常與阿羅耶識相應生起。這個我慢的心（末那）是將阿羅耶識作為認識對象，說為「我」、「我所有」的思量作用。或與二識同時生起，亦即（再加）意識。或與三識同時生起，亦即意（末那）、意識，在五識中任取一識。或與四識相應生起，在五識取二識。還有與五、六、七識共同生起。

在這段論文中，第七識就明確分立出來了，以第八識作為認識對象，起我執、我所執的作用。

唯識學說完成八識的系統後，即以八識說為其標準的心識架構。凡夫八識是未證得解脫者的染汙心識狀態，必須透過精進佛法修行達致轉依，始能現起清淨的心識。從七識發展到八識，轉依的觀念也隨著由單純演變成複雜。真諦的九識說顯然是在八識說基礎上所進行的義理發展，必然有其試圖要解決的課題。

《決定藏論．心地品》有段話說明阿羅耶識與六識存在與否的排列組合關係：（語譯）

問：有人有阿羅耶識同時有六識嗎？有人有六識而無阿羅耶識嗎？

答：這包括四種情況。第一，例如人在無心狀態，睡眠、昏迷心時，進入無想定，生於無想天，阿那含人進入滅盡定，這五種人有阿羅耶識而無六識。第二，阿羅漢及辟支佛、不退菩薩、如來世尊，這四種人在有心狀態時有六識而無阿羅耶識。第三，凡夫人、須陀洹、斯陀含、阿那含在有心狀態時有六識且有阿羅耶識。第四，阿羅漢及辟支佛、菩薩、世尊進入滅盡定，又世尊進入無餘涅槃，無阿羅耶識也無六識。

這裡只言及七識，理論相對簡易。尚未得到阿羅漢位的轉依時，普通心識狀態會有阿羅耶識與六轉識的七識；在五種意識不起的無心狀態，則唯有阿羅耶識而無六識，因為沒有意識活動即無法有前五識的作用。轉依以後的聖者已無阿羅耶識，有心狀態則有六識；若進入滅盡定或無餘涅槃，則七個心識都不現起。

此處，問題來了：解脫聖者在有心狀態下，已滅阿羅耶識，六識生起的依止為何者？其次，解脫聖者在無心狀態下阿羅耶識與六識全無，是否有落入斷滅見（虛無見）的嫌疑？

因此，有必要安立一個轉依以後的根本清淨心識，以作為其他出世心識與清淨身體和國土生起的依止。例如，《解深密經．序品》說清淨佛土是「最極自在淨識為相」，玄奘譯《攝大乘論釋．卷十》解釋，「最極自在淨識為相」

意為，佛的淨土是以最極自在清淨心識作為體相；唯有清淨心識，非在識外另有七寶等事物。

真諦所譯《攝大乘論釋》同一段落的對應譯文是「最清淨自在唯識為相」，解釋說：（語譯）

> 菩薩及如來的唯識智慧，由於無相、無功用，所以說為清淨；離一切障礙，沒有退失，所以說為自在。這個唯識智慧是淨土的體性，而非以苦諦為體性。

在佛位沒有阿羅耶識，但不能說是虛無狀態，應當安立一個清淨的智慧心識作為佛身與佛土的生起依據。

阿羅耶識滅了，清淨的根本心識現起，其他七識的情形又是如何？《瑜伽師地論·攝決擇分·三摩呬多地》說：（語譯）

> 問：如果那個末那識於一切時以思量為作用相而持續生起，如世尊所說那樣，則出世末那如何建立？
>
> 答：名稱是假施設，不必依照其語義而論。再者，因（出世末那）是與其（染

汙末那）相反之遠離顛倒的正確思量。

未解脫者的第七識是產生我執的染汙心識，轉依後的第七識即是正確思量無我的清淨心識。轉依後的前六識亦可依此類推，是無顛倒的正確認識作用。

唯識學派早期經論如《解深密經》與《瑜伽師地論》，尚未出現轉第八識、第七識、第六識、前五識為大圓鏡智、平等性智、妙觀察智、成所作智之四智菩提的思想，而於《攝大乘論釋》中只在一處段落見到——真諦所譯《攝大乘論釋．卷十三．釋智差別勝相品》譯為顯了智、平等智、迴觀智與作事智。由此而推，真諦應當已知道轉八識為清淨四智菩提的觀念。

既然阿摩羅識與阿羅耶識是相反的，全然異質，滅阿羅耶識而顯現清淨的阿摩羅識，因此若將阿摩羅識說成第八識，易與阿羅耶識相混淆，施設其為第九識可避開這樣的問題。凡夫是染汙的八識系統，如來的清淨心識系統實際上也是八個識；但是，在如來的心識系統中跳開第八識這個名稱，將阿摩羅識施設為第九識。這是可用以合理解釋九識說的第一種意義。

玄奘是採取嚴格對應的方式來為八識立名，染汙的八識相對於出世的八識。《成唯識論．卷三》援引佛經的一個偈頌：「如來無垢識，是淨無漏界，解脫一切障，圓鏡智相應。」大圓鏡智亦可稱為無垢識，與阿摩羅識的詞義相近。真諦將轉依後的阿摩羅識說成第九識，完全切割其與阿羅耶識的連結關係，跟玄奘所稱的善淨第八識，指的都是如來的清淨根本心識；但在諸識的結構關係方面，兩人之間存在差異的理解。

真諦安立第九識與玄奘依然將無垢識視為佛陀的第八識，其實還隱含一個重大的思想歧異，就是真諦嘗試以唯識義理為主體而引進如來藏思想。舉例而言，玄奘所譯《攝大乘論釋》只出現一次「如來藏」，真諦的譯本卻出現八次之多。真諦多出這個譯詞的幾處段落文義值得仔細推敲。

真諦與玄奘共同出現這個譯詞的地方，是在〈應知勝相品〉（玄奘譯〈所知相分〉），真諦譯本文義如下：（語譯）

【論】：所謂「四種清淨法」，第一，這個法本來自性清淨，也就是如如（真如）、空、實際、無相、真實法界。

【釋】：由這個法自性本來清淨，這個清淨稱為如如，於一切眾生平等具有，因為是共相。由於有這個法，說一切法名為如來藏。

【論】：第二，無垢清淨，亦即這個法遠離一切外來塵垢。

【釋】：這個如來藏遠離煩惱、所知二障，由於這個法恆常清淨，諸佛如來得以顯現。

上述這段引文中的如來藏意同真如，必須通過清淨道路的修行，盡除煩惱與所知二障，始得以顯現為諸佛如來。說一切眾生俱有，只是在說圓成實性的真如遍在性，並不等同於一般所理解的佛性如來藏意趣。玄奘譯文也是同樣的意思。這種意義還是站在唯識學的立場來述說的。

真諦《攝大乘論釋》譯本在卷一「眾名章」解釋《大乘阿毘達磨經》的「此界無始時，一切法依止；若有諸道有，及有得涅槃」這個著名偈頌，引述了《佛性論》、《寶性論》的如來藏觀點，《寶性論》的引文中又徵引《勝鬘經》的說法。然而，這些涉及如來藏的論述，卻不見於玄奘譯本。

玄奘譯本的偈頌譯文為：「無始時來界，一切法等依；由此有諸趣，及涅槃證得。」釋文中將「界」（dhātu）解為「因」的意義，指的是阿賴耶識中的染汙種子，是一切世間萬法生起所依的原因。至於說此為證得涅槃的所依，非指阿賴耶識也含藏了清淨種子作為涅槃聖道的生因；而是意指，出世種子只是依附其中，因而擁有能力翻破煩惱，是滅除染汙煩惱而使清淨顯現的意思。嚴格來說，阿賴耶識的種子只是一切世間法的生起原因，出世間法是由對治其染汙性而得成就。

真諦則在這個頌文的解釋中帶入如來藏說，使整個問題變得複雜，有人因此理解為阿黎耶識同時具有染淨二分。真諦譯本首先說「此中佛世尊說偈，此即此阿黎耶識界。以解為性，此界有五義。」對照玄奘譯文，「此即此阿黎耶識界」還是《攝大乘論釋》的原本文句；接下來的「以解為性，此界有五義」，則是真諦插入的《佛性論》文義，兩段話應分開解讀。圓測《解深密經疏》據此發明「解性梨耶」的名相，那是出自對真諦譯本文義的誤解。「以解為性，此界有五義」就是引《佛性論》來說明「佛性」之「自體相」中的「如意功德性」，也就是如來藏的五種「藏」義。那麼，「以解為性」大抵對應於「如意功德性」，含有如來藏的成佛依據意義。

真諦所說的「五義」包括：一、「體類義」，一切眾生不出於這個體類，由這個體類眾生不異。二、「因義」，一切聖人法的四念處等以此界作為觀想對象而生。三、「生義」，一切聖人所得法身，由信樂此界的法門而得以成就。四、「真實義」，在世間不可破壞，出世間也不可滅盡。五、「藏義」，若隨順此法，自性是善，故稱為內；若外於此法，雖然相應，則成（雜染）外殼。這五義都是如來藏的清淨涵義，與染汙的阿黎耶識並不相干。

真諦所譯《攝大乘論釋》引述《寶性論》的文義如下：（語譯）

> 世尊！這個識界是恆常相合、不相離、不捨開智慧、無為的恆河沙同等數量的諸佛功德之依止、支持、住處。世尊！（這個識界）是不相合、相離、捨

開智慧、有為的諸法之依止、支持、住處。

引文中的「識界」，在《寶性論》作「如來藏」（Tathāgata-garbha）。意謂如來藏可同時作為生死與涅槃的所依，對於前述如來藏的五義，若與其不相合就是有為的生死迷界，相合就是無為的涅槃悟界。

真諦《攝大乘論釋》譯本依《寶性論》繼續解釋：（語譯）

所謂「一切法依止」，如《（勝鬘）經》說：「世尊！如果有如來藏，由於不了知，可說有生死，所以說『若有諸道有』。」如《（勝鬘）經》說：「世尊！如果沒有如來藏，則對苦就不起厭惡，對涅槃不起希求，所以說『及有得涅槃』。」

由於有如來藏，如果不能了悟此真理，則落入六道生死輪轉；反之，因有如來藏作為依據，才知對苦生起厭患，對涅槃生起願求。就此種意義論說清淨如來藏是生死與涅槃的依止。

真諦所譯《攝大乘論釋・卷十四・釋智差別勝相品》說：（語譯）

法身於深行菩薩與諸佛為容易見到，於四種眾生為難以見到，（也就是：）一、凡夫；二、聲聞；三、獨覺；四、始修行菩薩。如經典說：「如來藏非落入我見眾生的認識對象，非遊戲顛倒眾生的認識對象，非錯亂解空菩薩的認識對象。……如來藏以非有非無為其正理，非為以錯亂心偏執有無者的認識對象。」人天等即是前四類眾生，法身甚深，不是他們的認識對象，因此行生這四種眾生對於法身的迷惑執取。

在這段文句中，真諦將如來藏等同於法身，唯有諸佛與深行菩薩才能真實了悟如來藏，見到法身。對於其他有情或修行者來說，由於迷惑，使法身或如來藏遭到遮蔽。

法身就是轉依後所顯現的清淨真理境界，《攝大乘論釋．釋依止勝相品》：

（語譯）

什麼法稱為法身？轉依稱為法身。……常、樂、我、淨是法身的四個特質。……聽聞熏習只是通向四個特質之道路的種子，由四個特質之道路能成就、顯現四個特質。四個特質是本來就有，不從種子生起，從修行之因來取名，所以稱為種子。

法身本來就有，不是修行以後始生出來的，修行只是令其得以顯現出來的原因。「常、樂、我、淨」是《大般涅槃經》所說佛性的四個特質（四德），佛性是一切眾生本來具足的。真諦在有情的心識系統中，置入本來具足的清淨佛性元素。

藉由以上各段文義的分析，真諦是想從如來藏思想援引資源，在染汙的阿黎耶識底層再安立一個清淨的如來藏，性質同於真如或法身，作為修行成佛的依據。然而，如此並不改變唯識學說原本的修證進路，這個法身或如來藏仍須等到轉依以後方能豁顯，成為完全清淨的心識。阿黎耶識始終是染汙性質，與清淨法身性質相違；如果要再安立一個本來具足的清淨心識，理論上就必須是第九識了。

有否可能阿黎耶識本身具有染淨二種性質？真諦於《攝大乘論釋》中有段

關於淨品與不淨品的譯文容易引起誤解：（語譯）

【論】：一、清淨類的法。

【釋】：徹底滅除不淨品，證得法身，稱為清淨法。如何得到此清淨法？

【論】：由於轉阿黎耶識這個依止。

【釋】：對治生起時，捨離本識不淨品的部分，而與本識清淨品的部分相應，稱為轉依。

【論】：由於證得法身的緣故。

【釋】：由於這個轉依，金剛道之後證得法身，滅除（清淨）特質以外其餘特質，稱為清淨法。這是證得的一類，所以稱清淨類法。

「本識淨品」（本識清淨那類）的「品」是種類的意思，這個詞組容易被解讀為本識中的清淨類部分。在整本《攝大乘論釋》真諦譯本中「本識淨品」只出現這麼一次，其意義不宜單就漢文字面來理解，應全面考察論中對「不淨品」與「淨品」的對比用法。

首先，檢視玄奘的對應譯文：「『轉阿賴耶識得法身故』者，謂轉滅彼阿賴耶識得法身清淨，即法身清淨說名清淨。」譯文中並無阿賴耶識有染淨二分的說法，清淨屬於轉依後的法身。然而，這也可能是出於學派不同而導致譯文意義的差別。

其次，檢視真諦譯本中「不淨品」與「淨品」的用例。在《攝大乘論釋．釋依止勝相品》的「出世間淨章」提到：「最清淨法界所流出的正聞熏習作為種子，出世心因此得以生起。」出世間心的種子（生起原因）是由對佛陀所說最高真理教法的聽聞熏習而生；這類種子是清淨的，與阿黎耶識性質完全相反，但寄託於阿黎耶識中。

論中用水與乳的譬喻來幫助理解。水與乳雖然性質不同，而能和合共存。正聞熏習非屬染汙的根本識，已成這個心識的對治種子，處在潛伏未發的狀態，雖與根本識不同性質，但不相離，可以恆常同時生起。

〈釋依止勝相品〉又有段文句說：（語譯）

【論】：由對治阿梨耶識而生，因此不含攝於阿梨耶識的性質。

【釋】：這個聞熏習並非為了增添根本識而生，是為了想減少根本識的力量而生，所以能對治根本識；與根本識性質相反，因此不被根本識的性質所含攝。這顯示法身為聞熏習的成果。

同樣，根本識（第八識）只是染汙性質，正聞熏習種子與其相反，是清淨的性質，不攝屬於根本識的性質當中。

因此，不能說根本識同時具有不淨與清淨二分，根本識自是染汙，正聞熏習種子自是清淨；轉依後，染汙的阿黎耶識消亡，唯存清淨的阿摩羅識。這種意義仍合於唯識義理。然而，真諦更進一步將如來藏隱伏在阿黎耶識之下，顯現後成為法身，為阿摩羅識。

真諦《攝大乘論釋》譯本講到「不淨品」與「淨品」的對比，其實是針對三性而說。《攝大乘論釋．釋學果寂滅勝相品》說明生死是以依他性不淨品的部分為體性，涅槃是以依他性淨品的部分為體性。根本識屬於能所分別的不淨品依他性，涅槃是無分別的淨品依他性，也就是真實性（圓成實性）。當轉依時，對治生起，依他性由不淨品永遠改變本性，淨品成為其永久本性。因此，具有染淨二分的非指根本識，而是指依他性。

綜合以上所論，真諦主張的九識說有二層意義。第一種意義仍在原本唯識學說的框架中來論說：阿黎耶識為染汙心識，轉依後此識消亡，清淨的阿摩羅識現起為第九識；採第九阿摩羅識這個名稱，可避免與第八阿黎耶識混濫。清淨種子雖與阿黎耶識相合不離，但非屬阿黎耶識所含攝，因為兩者性質相違，清淨種子只是寄託性地依止於阿黎耶識。染汙與清淨二種性質是嚴格區分的。

第二種意義是以唯識學說的義理體系為主，引進如來藏說來幫助解明清淨法身、真實性（真如）遍在的意義；相應於如來藏的思想結構，而將本為轉依後所證的清淨阿摩羅識延伸到煩惱有情身上，而為與第八識性質相反的第九識。依據《勝鬘經》，法身在煩惱有情身中受到隱覆，稱為如來藏；滅盡煩惱後，則顯現出法身。此清淨如來藏，同時作為生死與涅槃的依止。

真諦後學與後世佛教學人對真諦的九識思想多所關注，或是傳承其說，或是批判他的觀點。由於真諦的九識說相關論著已經散佚，無由得知其內容詳情。在當時佛性如來藏經論盛行的佛教文化環境中，對真諦的九識思想容易產生偏向的理解，可能放大如來藏說而縮小唯識義理。

真諦確實是位唯識義理大師，有其印度佛學傳承，精熟於《攝大乘論釋》、《俱舍釋論》及其他無著與世親的論著，就算他想在所譯唯識論書中引入如來藏說，也不致偏離原典文義太遠。本章側重於通過真諦所譯唯識論典的文義來考察清淨心識的相關議題，下一章再行探討不受限於此種翻譯條件的可能義理開展。

後世對於真諦所傳唯識義理的引述與評論，及真諦傳介過來的佛教學說對中國佛教思想構成的影響，尤其是像《大乘起信論》這部影響效應強大的特殊論典的翻譯過程與義理結構，是後文繼續要探索的課題。

【註釋】

註一：佛教主張世界是生滅循環，沒有一個時間的開端，因此說為「無始」。關於種子的起因，其實有三種說法：一、本有說，護月論師主張一切種子都是無始時本來具有，後來的熏習只能使其增長。二、新熏說，難陀論師主張一切種子都是由已現起的心識活動熏習而產生，非本來就有。三、折衷派，護法論師主張種子存在本有和新生兩類。

註二：「正性離生」是達到見道位前的位次，聲聞乘在初果前的初果向位，菩薩乘在初地之前的第十迴向位。到達這位階位後必然會進入見道位而成為聖者，等於脫離凡夫狀態（離生），未來必定會覺證菩提正性。

參・《大乘起信論》之開展

夫《起信論》者，乃是至極大乘甚深祕典，開示如理緣起之義。其旨淵弘寂而無相，其用廣大寬廓無邊，與凡聖為依，眾法之本。以其文深旨遠，信者至微。

《大乘起信論》是一部對中國佛學的形成與發展構成深遠影響的大乘佛教論典。此論以本覺思想為基底，將如來藏與唯識二種學說進行緊密整合，與漢地佛教學者的思想趣味頗為投契，為古今佛教學人理解與解釋大乘佛法義理提供了啟發與拓深的良好資源。

隋唐時期的天台、三論、華嚴、禪宗各派在建立教理體系時屢屢援引《起信論》的說法，此論的思想精髓已融入他們的教學傳承。歷代許多義學僧人為這部論書撰寫注疏，表述他們的深刻思想領會，鎔鑄到個人的佛學觀念當中。

《起信論》早在唐代就流傳到韓國與日本，許多佛教學人用心鑽研與注解其義理。

《起信論》在中國佛教傳統上歸為印度馬鳴論師的著述，而由真諦譯成漢文。這種說法自古以來廣為漢地佛教圈所接受，但也不無雜音，隋唐時代即有人提出質疑。特別是自二十世紀初期開始，隨著現代佛學研究方法從西方引進，在日本與中國佛教學界與教界形成有關此論成書與譯者的持續論戰，截至目前為止仍未取得共識。儘管如此，《起信論》的思想價值與影響效應是普受肯定的。

如果將這位作者「馬鳴」連結到西元二世紀頃創作《佛所行讚》的那位印度佛教大論師與大文豪，肯定會有很大疑義；因為，在那個時代唯識學說尚未興起，如來藏思想亦不盛行。由於古代中國僧俗二眾對印度佛教歷史本於宗教感情的模糊性認識，對馬鳴的作者身分極少加以懷疑，只是對其時代與事蹟的說法紛歧不一。

至於《起信論》與真諦的密切關係，自是不言而喻，唐代以後大致承認他就是這部「印度」論書的漢譯者。直至近代，部分佛教學人選擇站在學術考證的視角，主張此書是在他所傳述學說影響下成立的中國撰述，此舉引起一些護教人士的強烈反擊。

文獻學研究要求依照證據公允說話，所處理者一般是較為外層的問題；縱然結論相左，經常無損於一部經典著述的內在思想價值。這種論爭現象，反而映現出《起信論》在中國佛教思想史上的特殊地位。

鑑於古代文獻的相關記載湮沒，難以進一步考辨，對於學者們有關《起信論》作者與譯者的諸般見解，在紹介後便將這個問題懸置於括號中。本章擬將論述的重心置放在古代佛教經錄對此論漢譯的相關記載，以及探索這部論書的學說譜系、思想構造，藉以考察其義理與真諦思想的關涉。最後，說明這部論書的後世影響。

翻譯記載

最早著錄《起信論》的佛經目錄，是成書於隋代開皇十四年（西元五九四年），由法經等奉詔所撰集的《眾經目錄》。此書卷五將《起信論》列在「大乘阿毘曇藏錄第五」之下的「眾論疑惑五」項下，其後附注說：「人云真諦譯，勘《真諦錄》無此論，故入疑。」當時的佛教界多將此論視為真諦的譯作，這部經錄發現了某種疑點。

此處所說的《真諦錄》，或指智敫為其師尊真諦所寫的《翻譯歷》；《續高僧傳．卷一．釋法泰傳》附記的智敫傳記中，說到此書對於所著錄的真諦譯經提供卷數、部類、時間、人事的詳細資訊。法經等人檢閱手中的真諦譯經目錄，並未見有關《起信論》的記載，因此對於這部論書是否為真諦的譯作抱持懷疑態度。然而，他們並非直接將此論判為偽書，也就是疑人不疑書；因為，「眾論疑惑」後面更有置放偽作的「眾論偽妄」一項。法經等人所編經錄有倉

促不足之處，對真諦譯作的載錄即有不只一次的疏誤，此點亦應注意。（註一）

其後，費長房於開皇十七年（西元五九七年）獻上的《歷代三寶紀》，其卷十一「譯經齊梁周」著錄真諦譯有經論疏記十六部共四十六卷，其中包括「《大乘起信論》一卷（同〔太清〕四年在陸元哲宅出）。」另有記載：「《起信論疏》二卷（太清四年出）。」將《起信論》判定為梁代太清四年（大寶元年〔西元五五〇年〕）於富春陸元哲宅漢譯，同時譯出此論的疏解二卷。

費長房所記這個翻譯年代可能有誤。唐代道宣所撰《續高僧傳》真諦本傳，對曹毘的《別歷》（《三藏歷傳》）與智敫的《翻譯歷》等文獻有所參考，記述真諦在陸元哲宅只傳譯了《十七地論》五卷，即因富春受戰事波及而被迫中斷。不過，道宣在整篇傳記中亦未提及《起信論》。《續高僧傳．釋玄奘傳》則說：「又以《起信》一論文出馬鳴，彼土諸僧思承其本，奘乃譯唐為梵，通布五天。」表示道宣傾向相信馬鳴是《起信論》的作者，應該會接受其漢譯者就是眾人所傳的真諦。

現存《起信論》真諦譯本卷首錄有署名「揚州僧智愷」所寫的〈大乘起信論序〉，學者咸認為這是假託真諦晚年上首弟子慧愷的一篇偽作。序文提到梁武帝派人到「中天竺摩伽陀國」迎請經書與法師，逢遇三藏法師「拘蘭難陀」，譯名「真諦」，當地國王即央請真諦前往中國，這個說法明顯有誤。慧愷的〈攝大乘論序〉已顯示他知悉真諦來自優禪尼國，梵名「拘那羅陀」，意譯為「親依」；況且，他追隨真諦有段時日，應不致對師尊是應梁武帝派人到扶南迎請而來華之事一無所知。

〈大乘起信論序〉的作者很難說是慧愷（智愷），文中並且涉及一些張冠李戴之事；然而，如歷史學者陳寅恪所指出的，裡面不乏某些熟悉當時人事者才會知道的信息，例如始興位在衡州、蕭勃自封假黃鉞等情事；雖是偽作，卻帶有可信史料。（註二）這篇序文或許根據一些不太精確的時事追述而託名假造，所提供的《起信論》翻譯信息仍有聊備參考之處。

序文中敘說，《起信論》是在梁代承聖三年（西元五五四年）歲次癸酉九月十日，於衡州始興郡（今廣東韶關）建興寺翻譯，傳語人為天竺國月支首那（當為月婆首那之誤），參預者尚包括慧顯、智韶、智愷、曇振、慧旻等人及蕭勃。真諦翻譯此論及其他幾部佛典，前後歷時兩年。真諦是在承聖三年到達始興，獲得蕭勃護持，也確實在當地停留二年多時間，而後於太平二年（西元五五七年）隨蕭勃遷移到南康。

真諦停留始興的那兩年，在蕭勃的庇蔭下，處於相對安穩的狀態；以其一向積極的性格，應當會有不錯的譯經成績。然而，這段期間的真諦譯經記錄在《歷代三寶紀》僅見《隨相論中十六諦疏》一卷與《起信論》一卷、《起信論疏》二卷，少到不太合理。如此，依〈大乘起信論序〉所述，真諦團隊在始興匯集幾位僧才，傳譯《起信論》及其玄文二十卷，還有其他幾部典籍，或許在某種程度上反映出實際情形，只是所列舉的參與人物與漢譯佛典存在諸多錯誤。

慧愷本是楊都（今江蘇南京）阿育王寺僧人，在廣州與真諦重逢之前曾在某地向他學習過；依地緣關係推測，在始興的可能性很高。真諦離開始興之後，慧愷由此處再就近轉往廣州而停駐該地，這是合於常理之事；否則，很難解釋慧愷何以會從楊都遠赴廣州落腳。

真諦圓寂後，其弟子曹毘禮請始興建興寺的僧正明勇講說《攝大乘論》，明勇在何時何地向真諦學習這部論典卻缺乏記載。明勇極有可能在始興已追隨真諦學法，或許也曾經到廣州聽聞真諦講解《攝論》，義理才會如此通達，以致曹毘都特地請他講說此論。真諦與始興建興寺應有一段密切的因緣。

《開元釋教錄·卷六》依據《歷代三寶紀》與其他文獻列舉真諦在梁代的譯經，其中有《大乘起信論》一卷，附注說：「初出，與唐實叉難陀出者同本。承聖二年癸酉九月十日於衡州始興郡建興寺出，月婆首那等傳語，沙門智愷等執筆并製序，見〈論序〉。」顯然是接受了〈大乘起信論序〉的說法。《起信論》的第二譯署名唐代實叉難陀所譯，問題亦多，因與真諦無直接關係，這裡就不再贅述了。

《攝大乘論》的重要著作旨趣之一是顯明大乘真是佛說，就含具某種「大乘起信」的意涵。始興建興寺的明勇會通達《攝論》，大抵因為真諦在始興時期曾依此論講過大乘佛法的重要義理。

這裡想提出一個不無可能的推論：真諦曾經在始興譯講過「大乘起信論」，只因兵荒馬亂早已佚失。後來通行的《起信論》，是攝論派學人以其同名論著的部分傳述內容為基礎，再融入北方地論學派的一些觀點編撰而成，更能適應當時漢地佛教界的思想取向；然後託名馬鳴所作以抬高身價，並根據某些追述傳聞偽撰智愷序文以取信眾人。（註三）

學界論爭

當代日本佛教學界對於《起信論》的成書與作者之論爭可歸納為三種代表性觀點──

其一是「中國撰述說」，認為《眾經目錄》成於真諦圓寂後二十餘年，記載有其可信度；《起信論》的許多遣詞用句與真諦的用語習慣不合，反而與地論派有關；《起信論》可能參考《占察善惡業報經》等經典編纂而成。由於此論幾個重要用語承襲自菩提流支的譯經，據此判斷其編撰者應屬北土的地論師。

其次是「印度撰述說」，主要觀點如下：參照《攝大乘論》及其世親注釋書等著作，斷定《起信論》義理合於印度佛學；依據《起信論》的文體與修辭判斷其為翻譯的論書；將《起信論》置放在印度如來藏思想的發展脈絡，主張此論義理是如來藏思想的自然開展，認為當時中國佛教學者還達不到撰述《起信論》的思想高度。這是從印度佛學背景出發來把握《起信論》的思想特質，從而論證其印度成立的可能性最高。

第三種主張是「印度撰述與中國撰述之間」，認為《起信論》既不是純粹的漢譯論著，也非單純的漢地撰述，而是在翻譯過程中摻雜著中國佛教學者的思想元素；或是一種翻譯與撰述的混合體。此論前後文體不一，前半部多為翻譯語調，後半部出現中國文章風格。從翻譯用語與文體特徵來考察，在《起信論》成書的過程中，《十地經論》漢譯者菩提流支周邊的中國僧人發揮了很大的作用。（註四）

至於近現代中國佛教學界關於《起信論》的論爭，顯然是受到日本學界對此論真偽問題的討論所觸發。章太炎最早撰述〈大乘起信論辯〉，斷定此論出於龍樹以前，馬鳴就是作者，認為《眾經目錄》是在懷疑譯人，非疑論本為譯作。他的說法尚未引起多少人注意。後來，梁啟超受日人觀點啟發，撰寫〈大乘起信論考證〉否定此論為印度撰述，而是梁、陳間中國人的著作。此說一出，激起熱烈回應。

其後，論辯雙方大抵圍繞著二種相對立場：其一是判定此論為梁陳時代的中國撰述，這種說法遭致許多人強力反對；另一邊則肯定為馬鳴述作、真諦所譯的印度大乘論書，大多數人支持此說。由於主張中國撰述說的部分人士為當時的唯識學者，甚至將此論說成小乘論、附法外道所作，維護印度撰述說的陣嘗於是申明《起信論》的如來藏思想，與唯識學所詮自是不同，不能以唯識學作為評判標準。與日本學界主要從學術考辨眼光出發的態度有別，中國學界與教界的護教心態較為濃厚。

太虛在〈再議印度之佛教〉重申此論為真諦漢譯、馬鳴所造，是龍樹之前的著作，但在龍樹以前尚未構成多大的影響。太虛並試圖會通《起信論》與《唯識論》，認為兩者義理俱佳。印順在〈起信評議〉中客觀地介紹他人的真偽判斷觀點，未正面表述自己的見解，只是指出，印度傳來者不一定都好，中國人所作者不一定就錯，宜就《起信論》本身的價值來評判此論。(註五)

無論是印度撰述說、中國撰述說，抑或印度與中國撰述折衷說，其實都擺脫不了與真諦的密切關係。歷史文獻中有見到將《起信論》譯者歸於真諦的記載，並無菩提流支翻譯此論的相關說法；可見，其義理內容與真諦思想有較大連結，為一般公認的看法。

與許真諦曾經譯講過「大乘起信論」，而其原書已不復存；某位《攝論》

學者依據對其譯講內容的有關傳述，立基於真諦融通唯識學與如來藏的思想結構，汲取北土地論學派的某些用語與觀點，綜合而成現存的這部論書。

當然，也不能排除在當前佛教學界受到許多人支持的一種觀點：主張《起信論》是由某位通曉真諦思想的中國學者揉合攝論派與地論派的學說所創作，而偽託為真諦的譯作。

論書構成

先前一章討論真諦的阿摩羅識與九識思想，考察由他所譯唯識學論著的義理脈絡，發現真諦在原書的唯識理論體系中，試圖引進如來藏思想的元素。由於是翻譯性質的作品，基於對原著忠實的考量，真諦以論書自身的唯識義理為主體，於適當地方再嵌入如來藏論述以輔助思想的解明。

如果不為翻譯所限，給予自由的思想闡釋空間，亦可將主賓關係易位，則會成為以如來藏說為主體，將唯識學觀點整合進來。真諦所傳譯的經論當中是否存在類似這種思想結構的佛典？答案是肯定的。

真諦漢譯了世親所著的《佛性論》；然而，也有學者推論真諦方為此論的真正作者。理由之一是，《佛性論》與《寶性論》有許多雷同，可能是真諦參照《寶性論》而寫成；此外，《佛性論》多處引用如來藏系的《無上依經》，此經內容與《寶性論》關係密切，而其譯者又正好是真諦。不過，這些都只是依旁證進行推敲，尚缺乏更有力的證據。

《佛性論》中有十七處出現「釋曰」、「記曰」以帶出解釋文句；真諦若是作者，應不必使用如此的標記；比較有可能的情況是，真諦在漢譯過程中增添了個人的解釋。《佛性論》的主體思想是正統如來藏學說，而引入瑜伽行派的三自性、三無性、轉依等觀念，有助說明佛性的意義及其實現原理。（註六）

《無上依經》是真諦在永定二年（西元五五八年）於南康淨土寺譯出。這部經典以「如來界」作為終極依止，此界眾生本來具足，自性清淨無染，而為煩惱惑障所遮蔽，成為流轉生死的「眾生界」。如來在因地修菩薩行，觀察如來界，通達明了，而得轉依，使常樂我淨的法身朗現。值得注意的是，此「如來界」同時作為如來與眾生的所依，與《起信論》如來藏說的基礎結構類同。

真諦既然譯出《無上依經》、《佛性論》等佛性如來藏經論，並且在其所譯唯識論書中多處見到將佛性觀點置入漢譯文句中的情況，表示他對佛性思想保有深度的信解與肯認；同時，他個人主要的佛學傳承是唯識學說，對義理極為精通。《起信論》這種以如來藏學為義理根柢、融合唯識學觀點的精義性論著，與真諦的佛學思想可說非常契合。

《起信論》一書的整體架構包含「因緣分」，說明著述此論的原因；「立義分」，標立大乘如來藏的總體要義；「解釋分」，詳細解說大乘正義、對治邪執，及發心進趣無上菩提的道路；「修行信心分」，論述發起信心與具體修行的方法；「勸修利益分」，說明修學此論的功德利益。

「因緣分」列舉八項重要的著述旨趣：（一）總體原因是為了使眾生遠離

一切苦，得究竟安樂，而非追求世間的名利和恭敬。（二）想要解釋如來的根本教理，使有情們獲得正確無誤的理解。（三）使善根成熟的眾生能於大乘佛法建立不退轉的信心。（四）為了幫助善根微少的眾生修習信心。（五）指示修行方便，消除惡業障礙，守護行者之心，使其遠離愚癡、傲慢與種種邪見。（六）教導止觀修行方法，對治凡夫心與二乘心的過失。（七）顯示專意念佛的方便法門，往生淨土佛陀面前，信心必定不退轉。（八）顯示功德利益，勸勉精進修行。

全書的核心教理可概括為一心、二門、三大、四信、五行——

「一心」意指眾生本具的如來藏心。

「二門」係由一心開出真如門與生滅門：「真如門」是本來不生不滅的法體，「生滅門」指如來藏隨緣起滅的相狀與作用。生滅門更寬的義界，涵蓋覺與不覺的染淨二層意義。

「三大」意指如來藏的體性、相狀、作用三方面的廣大涵義。

「四信」是修行信心分所示的信根本（真如）、信佛有無量功德、信法有大利益、信僧能正修行自利利他。

「五行」是施門、戒門、忍門、進門、止觀門，即是六度的指引。

《起信論》的篇幅雖然只有一卷，但內容精要而賅備，含容了深妙理趣、次第行法、易行方便，及發心與勸修的教導，可說是一部大乘佛教法義與實修的卓越指南。這部論書會獲得歷代如此多佛教學人的青睞，自有其引人入勝的特色。

心性思想

《起信論》的「一心、二門、三大」是其心性佛學思想的核心結構，說明同一如來藏心涵蓋二個呈現面向及三種廣大意義。「因緣分」接下來的「立義分」，即是大乘佛法最精深教理的總綱領，聚焦於如來藏心構成的說明。「解釋分」是針對立義分所示精義展開詳細的解說，並且納入染淨和合的阿梨耶識觀念。

「摩訶衍」（Mahāyāna，大乘）總體而言可自兩方面來說明，一是「法」（法體），一是「義」（義理）。法體指的是「眾生心」，因為佛法是針對有情生命來講述的；這裡的眾生心仍然就如來藏的清淨構面而論，可涵攝世間與出世間的一切諸法。眾生心本具真如相，可隨順因緣變化而不改換其清淨本性，這是大乘法的「體」（體性，bhāva）；再者，眾生心又具有生滅因緣的相貌，依於法體而具現出「相」（相狀，lakṣaṇa）與「用」（作用，kriyā）。

大乘法的真實性相是從眾生心的清淨真理面來觀照，具足體性、相狀、作用三種層面的廣大涵義。「體大」意謂一切法的真如平等性，無邊無際，不增亦不減；「相大」是說如來藏具足無量的本性功德；「用大」則指如來藏能生起一切世間與出世間的善法因緣果報。

「大乘」的字面意義是廣大的車乘，其法體遍在而清淨，其真實義的相狀與功用廣大無際，諸佛如來過去乘坐此大乘真如法而體證菩提，一切菩薩也乘坐這樣的大乘法而到達如來境地。換言之，大乘的法體與意義顯示眾生心所包涵的如來藏清淨不變而圓具功德，是一切有情成佛的根本依據。

對於真如法若方便地運用言說進行意義的解析，可分為「如實空」與「如實不空」二種涵義。說其為如實空，因為能究竟地顯現真實法性，本來即不與一切染汙法相應，超越一切法的差別相狀，非有非無，非一非異。說其為如實不空，是因為本身具足一切真實無漏的功德，非為虛無而缺乏作用。

修學菩薩行的有情在了解如此的真理意義後，應當隨順真如法性的正確理趣，通過觀想修習而進入如實體悟。真如法性儘管遠離言說概念與分別妄心，仍須憑藉真理教法，透過言說來遣除言說，了悟沒有能說、可說，並無能念、可念，體證無所執取的離言無念境地，而真正與真如相應，這是其空性的側面。體證真如之後，自然顯現法體真實無妄的內容，如此的真如心常恆不變，清淨之法圓滿無缺，即是不空的維度。

眾生的心識狀態，除了真如的層面，尚有生滅的維度，構成不生不滅與生滅的和合，而有阿梨耶識（第八識）的現行作用。阿梨耶識包含依於如來藏而現起的生滅心，二者在這樣的心識和合體中，成為非一非異的關係。譬如，大海水因風起浪，水相與風相和合不離，但水自是溼性，不與風的動性相混；如果風止息了，則動性消除，水性依然不壞。水喻指不生不滅的真如，風則譬喻具有生滅特徵的阿梨耶識。

阿梨耶識以如來藏為所依，因而具有「覺」與「不覺」二重意義，能涵攝一切萬法，生起一切萬法。真如具有「本覺」（本來覺悟）的意義，真心本體是遠離妄念的，無所不遍，法界一相，也就是如來的平等法身。這個法身遭受煩惱惑障所遮蔽，而成不覺的狀態，此時即呈現為阿梨耶識，清淨本覺與無明不覺相合不離，非一非異。因不覺遮蔽本覺，必須透過修行重新達到覺悟，使法身顯現，而說為「始覺」（起始覺悟）。本覺與修證所得的始覺是同一的。

本覺雖然隨順染汙分別而生出二種相狀，二相與本覺仍相應不離，其一是智慧清淨之相，另一者是不可思議的業用之相。這是隨緣不變的意義——本覺能在染汙的心識狀態中，發揮著指引成佛的力量。智慧清淨相是依佛法力量的熏習，如實地修行，菩薩道的智慧方便由此達致圓滿。透過這樣的真實修行，摧破和合心識相狀，滅除相續妄心，顯現法身，智慧純然清淨。不可思議業用相是依智慧清淨所現起的一切殊勝微妙境界，也就是無量功德的相狀，恆常不斷絕，隨順眾生根機而自然地與其相應，做出種種示現，使他們獲得利益。

《起信論》的心性思想是如來藏說與唯識義理的緊密結合，以如來藏思想為本，引進唯識學說的心識觀點，解明眾生心本來清淨，無始時現起無明風動，受到無明所染而形成染汙心識，雖為染心而清淨自性常恆不變。這種深義唯有佛陀能夠完全了知。

眾生心的生滅因緣就染汙面向而言，是依阿梨耶識才有無明。因無明的力量致使不覺的心起動；依不覺的心而產生分別性的認識活動；由認識活動而顯現一切認識對境；進而分別執取所現起的一切染淨諸法；從而妄念相續不斷，支持過去無數世所造的善惡業力，及使現在和未來的苦樂果報成熟。以如此的心識起動與顯現諸法的歷程，說明三界虛幻，唯心所作，並無心外的色、聲、香、味、觸、法等六塵認識對境，帶入唯識無境的觀念。

考察《起信論》的整體文脈，真如法性與阿梨耶識的關係有其模糊之處，甚難分解。究竟阿梨耶識是與清淨真如相對的染汙法？還是阿梨耶識本身包含了清淨與染汙二種性質？兩類說法似乎都可在論本中找到相關文句作為支持依據。

《起信論》中「阿梨耶識」只出現二次，難以明確理清其具體意義。一次說到阿梨耶識具有「覺」與「不覺」二義，將真如的覺悟義涵攝在這個同時帶有不覺義的阿梨耶識中。另一次則將阿梨耶識只連結到無明與「業識」，強調依於阿梨耶識而說有無明，由此依次演變為五種心，首先是「業識」，由無明力而使不覺的心起動。（註七）當然，後面這種意義也可說成只在反映阿梨耶識不覺的側面，並非完整說法。

由於有四種法的熏習意義，使染法與淨法持續生起而不斷絕。哪四種法？第一，清淨法，稱為真如。第二，一切染汙的原因，稱為無明。第三，妄心，稱為業識。第四，虛妄境界，所謂六塵對境。

《起信論》又說：（語譯）

眾生的心識是這種清淨與染汙相合的「和合識相」，可能是指清淨如來藏與染汙阿梨耶識的和合，亦有可能指向阿梨耶識本身即是清淨真如與染汙無明的和合，這是兩種不同思路。（註八）儘管如此，在修證原理方面不一定有大的差異，同樣強調徹底滅除無明妄念。

如何翻轉這個由淨而染的墮落過程，回復到清淨的真如本心，是《起信論》教導大乘真理法義與實踐道路的關懷所在。大乘菩薩道修行的終極目標是了悟同一法界的如來藏心，從「信相應地」（十信位）觀察、修學而斷除疑惑；逐步提升，進入「淨心地」（初地）以後一分一分破除無明染汙，體證真如法性；最後到達「如來地」，盡除一切染汙，清淨真如徹底朗現。

學者通常將《起信論》的阿梨耶識理解為同時具有清淨與不清淨二義，如此即不符合真諦所傳唯識義理體系的結構。真諦視阿梨耶識為染汙性質，第九識阿摩羅識方為清淨識；必須滅盡阿梨耶識，以使阿摩羅識顯現。染汙第八識與清淨真如實性相合不離，但性質截然相反，絕不混濫；必須將阿梨耶識徹底滅除，才能達致轉依，豁顯阿摩羅識。

《起信論》有一處較明白地將心識歸於無明一面：「一切心識的相狀都是無明，無明的相狀不離覺性，非可破壞又非不可破壞。」述說心識主要表現出無明的構面，而其實相即是覺性，因此說無明不離覺性，但無明與覺性的染淨性質仍是相對的。

論中說到真正的修行旨在破除「和合識相」，必須滅除相續不斷的虛妄心相，也就是對治無明，達到無說無念的極致，以使清淨法身顯露。如此的修證原理，則可相通於真諦所傳的唯識思想。

後世影響

《起信論》成立後，在陳、隋時代很快傳播開來，對唐代佛學的影響持續深化。

高僧之注疏

據《續高僧傳・卷十八・釋曇遷傳》記載，這位在隋朝京城大弘《攝大乘論》的法師曾於北齊時代隱居在林慮山（於今河南西部）黃花谷淨國寺，《起信論》是他當時所研修的經論之一。曇遷一度因躲避北方戰亂而南行建康，北歸時在彭城慕聖寺弘講《楞伽》、《起信》、《如實》等經論；再者，他為《起信論》撰述了疏解。

《續高僧傳・卷十五》立有唐代京師弘福寺靈潤的傳記，其出家活動年代跨越隋、唐二朝，一生弘講《涅槃經》七十餘遍、《攝大乘論》三十餘遍。他也講解《起信論》，並有此論的疏釋著作。

《續高僧傳．卷二十》記述唐代京師弘法寺的靜琳自幼出家，因北周滅佛而隨緣還俗；隋代重新出家，曾受請到京城講說《攝論》。他於唐初法運重啟後被詔入長安，講經說法以《中論》為主，對《維摩經》、《起信論》等佛典亦隨機演說。

《續高僧傳．卷二十》記載汾州（今山西境內）光嚴寺的志超，主要弘講《攝論》、《維摩》、《起信》等經論。同卷又說到蒲州（今山西永濟）僧人普明在十八歲時即能講《勝鬘經》與《起信論》。同書卷二十二，在并州（今山西太原）僧人道亮的傳記中，提及曾有員秀才向他學習《起信論》。

《續高僧傳．卷二十五》記載蒲州普濟寺道英曾跟隨曇遷學《攝論》，深受器重。道英某日講說《起信論》到真如門，突然進入類似滅盡定的禪定狀態，身冷氣絕，幾日後才從定境出來。足見他對《起信論》法義的領悟之深，及此論助益佛理觀修的功用。

以上列示《續高僧傳》所記五位於隋唐時期弘講《起信論》的高僧，未予記載者應當更多。因為僧傳擇要記述高僧的學思歷程與弘法事蹟，加上採集資料常遇到文獻散佚不足的情況，能放入傳記的內容實屬有限。

舉例言之，隋代高僧淨影寺慧遠於所著《大乘義章》大量地引述《起信論》，他對這部論書必然具備深度信解，於其文句相當嫻熟，並有作者歸屬於他的《大乘起信論義疏》二卷存世。慧遠師從地論學派的慧光，擁有寬廣的經論學問，著述豐碩，其傳記字數已相對較多，仍在篇幅限制之下不遑提及《起信論》。

又如日本保留有隋代僧人曇延的《大乘起信論疏》，《續高僧傳．卷八．釋曇延傳》卻全未說到《起信論》。曇延本傳倒是提到，他想著作《涅槃經》注疏，恐怕有誤，虔誠祈願，夜晚夢見有人騎白馬前來傳授經旨；醒來細思後推測，這位神人應是馬鳴菩薩。馬鳴正是中國佛教界所傳的《起信論》作者。

淨影寺慧遠的《起信論義疏》，與唐朝新羅僧人元曉的《起信論疏》及唐代華嚴宗集大成者法藏所撰《起信論義疏》，並稱《起信論》三大注疏。現存最早的《起信論》注疏，則是在敦煌藏經洞發現的《大乘起信論疏》（作者不詳）；此本較曇延的《論疏》先行，法藏《義疏》對其疏釋內容有所參考。

流傳於敦煌的《起信論》注疏存世者尚有唐代京師西明寺曇曠所撰《大乘起信論廣釋》（現存第三卷到第五卷部分），及精簡前書旨要的《大乘起信論略述》二卷。曇曠生平事蹟不詳，原本是建康人，出家後學習唯識論書；後來到河西，於敦煌知名，多種著述在敦煌文書中被發現。

唐代中葉出現託名龍樹所作、筏提摩多漢譯的《釋摩訶衍論》，及偽託馬鳴所作、真諦所譯的《大宗地玄本論》，都是參考《起信論》義理而成立的中國撰述。《起信論》對漢傳佛教所發揮的影響作用由此可見一斑。

對中國大乘佛教宗派之影響

關於《起信論》對中國大乘佛教宗派的影響，先從天台宗談起。南嶽慧思所撰《隨自意三昧》，將「轉識」解成「覺慧」，視「藏識」為湛然不變；說「阿梨耶識」為佛性、自性清淨心、如來藏，隨事而觀時稱為智慧性，覺了諸法時稱為自性清淨心。以上都將阿梨耶識往清淨智慧心去理解，與《起信論》的心真如門、本覺義面向的意趣相近。

另外，相傳由慧思所作的《大乘止觀法門》，顯然是在《起信論》的義理基礎上發展而成。（註九）只是，這本論書原在中國散失，宋真宗咸平年間才由日本僧人寂照攜來中國，是否為慧思的著作頗具爭議。

唐代中興天台的湛然對智顗著作做出全面的疏解，以天台思想批判其他諸家學說，同時吸收了《起信論》的某些觀點而發展創新思想。湛然所撰《金剛錍》的思想特點是「無情有性」，著述目的是「示迷元從性變」、「示性令其改迷」，令人聯想到《起信論》「一心開二門」的基本結構；又強調真如隨緣不變、遍於萬法的原理，以證成無情具有佛性。在湛然的思想新義中可看見《起信論》的影子。

三論宗的吉藏在《中觀論疏．卷一》說明龍樹撰述《中論》的用意，施設八個問答，其中第五問是：馬鳴既已造論，龍樹何以再度造論？回答很簡單，就是馬鳴造論自有馬鳴的因緣，龍樹著作論書亦自有其因緣。由此可窺知他對馬鳴述作大乘論的高度評價。《百論疏》卷首的〈百論序疏〉便讚歎馬鳴論破小教、弘通大教，使人迴轉小教而領悟大教。

吉藏在《中觀論疏．卷七》說：「又云八識有二義：一、妄；二、真。……《起信論》生滅無生滅合作梨耶體。」援引《起信論》論述阿梨耶識的「不生不滅與生滅和合」。其《勝鬘寶窟》中六次徵引「馬鳴」的論書（即《起信論》）來解說真如、如來藏的涵義及心識不覺的染汙義。《起信論》可說是他理解如來藏與心識法義的憑依資源。

華嚴宗是各宗派當中與《起信論》在思想上融合度最高者。二祖智儼撰有《起信論義記》與《起信論疏》，常為華嚴宗後學所引用，可惜均已散佚。他在自己的著作中多次引用《起信論》「體、相、用」架構來解釋《華嚴經》的經題與宗趣。智儼在《五十要問答》的五教判，將《起信論》判為大乘始教的「直進教」，關注其不生不滅的無生空義。不過，依此判法，《起信論》義理層次不高，只勝過小乘教，向上還有講說真如緣起的終教、顯示不可說的頓教，及華嚴一乘的圓教。（註一〇）

三祖法藏的五教判，則將《起信論》置放在「理事無礙」教說的大乘終教，強調真如緣起（如來藏緣起），地位高於智儼所判的大乘始教。（註一一）法藏《起信論義記》的理解是如來藏一心包含真如、生滅二義；真心不守自性，受熏而成真妄和合的阿梨耶識，如來藏在染而不染。

四祖澄觀同樣將《起信論》判為終教，因此論顯明本覺與始覺本來不二，體、相、用三大圓融合一；但其強調眾生「各各修證」成佛，不及華嚴圓教的佛即眾生、眾生即佛的「二互全收」。然而，澄觀的《華嚴經疏》與《華嚴經疏演義鈔》經常引用《起信論》來證成義理，其華嚴思想比起法藏較朝《起信論》靠近。（註一二）

五祖宗密的華嚴思想更演變成類同《起信論》的義理形態。他在《禪源諸詮集都序》中，將《華嚴經》與《起信論》等五十餘部經論判為「顯示真心即性教」，此教要旨是一切眾生都有空寂真心，本自清淨，了了常知，常住不滅，名為佛性，亦名如來藏；從無始以來受妄想遮蔽，不自證得而沉溺生死。如來出現世間，開示生死諸法皆空，眾生心全同諸佛。

此外，宗密撰寫的《原人論》，以《起信論》義理為主體架構，最高教理的「一乘顯性教」同於「顯示真心即性教」，又可含攝大乘法相教的阿賴耶緣起說。

禪宗所受《起信論》的影響，在四祖道信所傳的東山門下，《楞伽經》已逐漸由《起信論》所替代，而《摩訶般若經》為《金剛般若經》所取代。東山法門重視心真如門，弘忍弟子神秀才引用心生滅門的本覺觀念。神秀的離念門，惠能的無念為宗，都與《起信論》的思想有關。（註一三）

宋代及其後，中國佛教學者對《起信論》的思想接受度進一步提升，在著述中經常引用，也撰寫許多注釋書。宋代注疏現存者有子璿《起信論疏筆削記》；高麗義天所寫《新編諸宗教藏總錄．卷三》尚見著錄應真、慧鏡、慧遍（或雲曠）、法樂、緣起等宋人注疏，可惜都已佚失。

明代存世注疏包括智旭《大乘起信論裂網疏》、真界《起信論纂註》、正遠《起信論捷要》、通潤《起信論續疏》、德清《起信論直解》。清代注釋此論的風氣稍歇，僅存續法會編的《起信論疏筆削記會閱》。近現代的注解、講記與學術研究著作數量不斷增長中。

韓國古代《起信論》注疏存世者，除了元曉的多種著述外，尚見太賢《大乘起信論內義略探記》、見登《起信論同異集》，另有多種注疏散佚。日本古代的《起信論》注釋書種類更是超過中國數倍，顯見這本論書甚受歡迎。

《大乘起信論》的影響力，在時間維度上及於古今佛教界與學術界，在空間跨度上則是涵蓋中國、韓國、日本等國的東亞佛教圈，在廣闊時空當中散發著智慧光芒。

【註釋】

註一：參見陳士強：《大藏經總目提要．文史藏》（上海：上海古籍出版社，二〇〇八），冊一，頁三〇至三六。

此外，《法經錄》（即《眾經目錄》）所參考的真諦譯經目錄似不完整，如《顯識論》、《轉識論》、《決定藏論》、《三無性論》、《金光明經》等漢譯經論，現代學者考證為真諦的譯作，而《法經錄》並無記載。參見于德隆：〈《大乘起信論》真偽再考證〉，《圓光佛學學報》，第二十一期（二〇一三年十月），頁六三至一二二。

註二：參閱陳寅恪，〈梁譯大乘起信論偽智愷序中真史料〉，收入《陳寅恪先生文史論集》（香港：文文出版社，一九七二）頁五五至五九。

註三：傳為真諦所譯的《遺教經論》也有類似的情形，法經等所撰《眾經目錄．卷五．小乘阿毘曇藏錄第六》下的「眾論疑惑五」項單列「《遺教論》一卷」，附注說：「人云真諦譯，勘真諦錄無此論，故入疑。」現存署名真諦所譯的《遺教經論》確實疑點眾多，宇井伯壽有種推論：「真諦三藏翻譯的《遺教論》早已佚失，由於與此（指真諦以前的某種《遺教經》注釋）混同，而成為如現存者那樣的錯誤。因此，可推測三藏的《遺教論》內容雖完全無法得知，但有（現存）《遺教經論》以外實際翻譯的本子吧！」見宇井伯壽：《印度哲學研究（第六）》（東京：岩波書店，一九六五），「真諦三藏の研究」，頁九四。

註四：以上所述三種日本學界的《起信論》成書觀點引自張文良：《《大乘起信論》思想史研究》（北京：中國社會科學出版社，二〇二〇），頁一至十三。

註五：以上中國佛教學者之間的《起信論》真偽論爭，參見高振農：《大乘起信論校釋》（北京：中華書局，二〇一六年二版），頁二二至二四。

註六：此段關於《佛性論》的概述，參見恆清法師：《佛性思想》（臺北：東大圖書公司，一九九七），第三章「《佛性論》的佛性說」，頁一四五至一四八。

註七：《大乘起信論》說：「生滅因緣者，所謂眾生依心、意、意識轉故。此義云何？以依阿梨耶識說有無明不覺而起，能見、能現、能取境界，起念相續，故說為意。此意復有五種名。云何為五？一者、名為業識，謂無明力不覺心動故。」《大正藏》冊三二，頁五七七中。「業識」的名稱容易令人聯想到「一切種子識」，種子即是業力的異名。

註八：印順法師與牟宗三對真如心與阿賴耶識之關係的理解即有別異。印順法師理解如下：

不生不滅與生滅和合而非一非異，這才名為阿黎耶識。和合，可以解說為打成一片。生滅與不生不滅打成一片，即非異義；雖然打成一片，不生不滅還是不生不滅，並不成為生滅；生滅還是生滅，並不成為不生滅，即非一義。不生滅與生滅，在矛盾中有他的統一，在統一中而有矛盾。阿黎耶識，即為不生不滅與生滅的矛盾的統一，在統一中而不失不生不滅與生滅的差別性。所以，阿黎耶識不能肯定它是生滅，也不能肯定它是不生不滅，而是不生不滅與生滅的綜合。（《大乘起信論講記》，新竹：正聞出版社，二〇〇〇年新版，頁八七至八八）

印順法師基本上視阿賴耶識本身即是不生不滅與生滅二種矛盾觀念的統一體。

牟宗三則如此解釋：

「真如心」是分解地預定一超越的真心以為「一法界大總相法門

體」。「心生滅」是憑依此真心忽然不覺而起念，念即是生滅心。此生滅心即叫做阿賴耶識。但如此說的阿賴耶識不是空頭的阿賴耶識。它是憑依真心而起，亦就是「不生不滅與生滅和合。」（《佛性與般若》，臺北：學生書局，一九八九年修訂五版，冊上，頁四六〇）

雖同樣說「不生不滅與生滅和合」，牟宗三理解為不生不滅的真如心與生滅的阿賴耶識兩者的和合，對兩者有所區分。

註九：聖嚴法師概述《大乘止觀法門》大義如下：

本書是以如來藏緣起思想為基礎，除了以論述心意識論中的真妄和合的本識為其中心體系之外，另外刻意說到以染淨二性為中心的一個體系。並且以此兩個體系，互為表裡，而在後者之中，常常表露出性惡思想的傾向。最後以三性及三無性思想之展開，達到「除妄成真」與「全真起妄」的目的。（《大乘止觀法門之研究》，臺北：

法鼓文化出版公司，一九九七，頁九）

註一〇：智儼所集《華嚴經內章門等雜孔目章．卷二》說：「小乘如所謂實；初教即空；終教即如；頓教不可說；一乘之義。」《大正藏》冊四五，頁五四八下。意為：小乘教講人空法有，大乘初教講說空性教理，終教講述真如緣起，頓教顯示不可說義，圓教為一乘教。《華嚴五十要問答．初卷》說：「今《起信論》為直進菩薩識緣起相即會無生，故作別說。」《大正藏》冊四五，頁五二二下。

註一一：法藏所撰《華嚴遊心法界記》說：「第三事理混融門者，即大乘終教。空有雙陳，無障礙也。如《勝鬘》、《諸法無行》、《涅槃》、《密嚴》等經，及《起信》、《法界無差別》等論明也。」《大正藏》冊四五，頁六四二下。

註一二：關於智儼、法藏、澄觀對於《起信論》的觀點，參見張文良：《《大乘起信論》思想史研究》，頁九九至一二一。

註一三：參見印順法師：《中國禪宗史》（臺北：正聞出版社，一九九四），頁一五八至一六四。

附錄

眞諦大師年譜（西元四九九至五六九年）

歲數——西元——中國年號

一歲　四九九　南齊東昏侯永元元年
出生於西印度優禪尼國。

四十一歲　五三九　梁武帝大同五年
在此之前，真諦於印度各地訪學與弘化，最後泛海遊歷到扶南。此年梁武帝派遣使者往扶南求請佛髮舍利、名僧與經書。該國央請真諦攜帶經論來華。

四十八歲　五四六　梁武帝中大同元年
真諦於八月十五日抵達南海（今廣東廣州），即前往建康（今江蘇南京），沿途停留多處，歷經二年。

五十歲　五四八　梁武帝太清二年
閏八月（應為閏七月）始到達建康。獲武帝接見與頂禮，安置於寶雲殿供養。

真諦欲翻譯經論，因侯景作亂而未果。

五十二歲

五五〇　梁簡文帝大寶元年（太清四年）

於富春（今浙江富春）陸元哲宅譯出《十七地論》五卷，譯事因戰爭而中輟。另譯《中論》一卷、《如實論》一卷、《涅槃經本有今無論》一卷、《三世分別論》一卷。

五十四歲

五五二　梁簡文帝大寶三年（梁元帝承聖元年）

侯景將真諦請回建康，於台城供養。三月侯景兵敗被殺。真諦止住建康正觀寺，翻譯《金光明經》。

五十五歲

五五三　梁元帝承聖二年

在建康楊雄宅續譯《金光明經》，共成七卷。

五十六歲

五五四　梁元帝承聖三年

自九江返回豫章（今江西南昌），在寶田寺譯出《彌勒下生經》一卷、《仁王般若經》一卷及《仁王般若經疏》六卷。在豫章遇到警韶，為他譯講新本《金光明經》及《唯識論》、《涅槃中百句長解脫十四音》等。

繼往新吳，在美業寺譯出《中論疏》二卷、《九識義記》二卷、《轉法輪義記》一卷。

後到始興，獲得蕭勃護持，漢譯《隨相論中十六諦疏》一卷。可能也譯講《起信論》一卷、《起信論疏》二卷。

五十九歲　五五七　梁敬帝太平二年（陳武帝永定元年）

二月，蕭勃舉兵反叛，真諦隨其度過大庾嶺到南康（今江西贛州）。三月，蕭勃被殺。

九月，應南康內使劉文陀之請，於淨土寺譯出《無上依經》二卷。

六十歲　五五八　陳武帝永定二年

七月返回豫章，在栖隱寺譯出《大空論》三卷。

續到臨川（今江西撫州），譯出《中邊分別論》三卷。

其後到晉安（今福建福州），在佛力寺譯講《正論釋義》五卷。

六十一歲　五五九　陳武帝永定三年

續留晉安，翻譯《立世阿毘曇》十卷。

真諦雖譯經論，但傳弘不順，欲乘船往棱伽修國；道俗苦勸，仍留南越（指晉安）。與梁代舊識諸弟子審訂已譯經論。

六十三歲

五六一　陳文帝天嘉二年

乘小船到梁安郡（今福建南安），想換大海船返回西國。經弟子與太守王方奢苦勸而留下。

在梁安建造寺譯出《解節經》一卷及義疏四卷。

六十四歲

五六二　陳文帝天嘉三年

五月，受太守王方奢之請翻譯《金剛經》一卷及義疏十卷。

九月，登上海船西航，遇事故而於十二月漂流至廣州。舊識廣州刺史歐陽頠將他迎請到制旨寺，大力護持。

六十五歲

五六三　陳文帝天嘉四年

正月，慧愷請真諦於制旨寺翻譯《大乘唯識論》一卷及印度義疏二卷，另有真諦的釋義二卷。

三月，因歐陽頠之子歐陽紇所請開始漢譯《攝大乘論》。

九月，歐陽頠卒，歐陽紇襲其爵位，繼續護持真諦。至十月譯出本論三卷、釋論十二卷、義疏八卷。

十一月，於制旨寺譯出《廣義法門經》一卷。

六十六歲　五六四　陳文帝天嘉五年

真諦譯完《攝論》，又萌生回歸故里之想，歐陽紇懇切挽留。

正月，慧愷與僧忍請真諦翻譯《俱舍論》，閏十月譯完，共得論偈一卷、論文二十二卷，及義疏五十三卷。

六十八歲　五六六　陳文帝天康元年

二月，慧愷與僧忍再請真諦於顯明寺重譯與講解《俱舍論》。

六十九歲　五六七　陳廢帝光大元年

十二月，《俱舍論》重譯治定完成。

僧宗、法准等弟子前來，四月初起，真諦為他們重講《攝大乘論》，至十二月講畢。

七十歲　五六八　陳廢帝光大二年

正月，應法泰之請，譯出《律二十二明了論》，論本一卷，注記五卷。

六月，真諦有厭世之心，到北山欲捨棄身命；道俗眾人與刺史奔赴現場勸請住世，迎回王園寺。

八月，弟子慧愷辭世。真諦甚感悲痛，曾於法准房中與弟子十二人共傳香火，矢志弘傳《攝大乘》、《俱舍》二論。
慧愷講解《俱舍論》未竟，真諦代其講説，至〈惑品〉第三卷因病中止。

七十一歲

五六九　陳宣帝太建元年

正月，真諦遘疾，遺文嚴正勸勉因果道理，交付弟子智休。正月十一日午時圓寂。十二日於潮亭荼毗建塔。
十三日，弟子們回歸或往赴各地。

參考資料

于德隆：〈《大乘起信論》眞僞再考證〉，《圓光佛學學報》，第二十一期（二〇一三年十月），頁六三至一二三。

牟宗三：《佛性與般若》，臺北：學生書局，一九八九年修訂五版。

呂春盛：〈陳霸先廣州集團的興起及其性格〉，《臺大歷史學報》，二一期（一九九七年十二月），頁七九至一〇九。

段立生：《柬埔寨通史》，上海：上海社會科學院出版社，二〇一九年。

唐長孺：《魏晉南北朝史論拾遺》，北京：中華書局，二〇一一年。

高振農：《大乘起信論校釋》，北京：中華書局，二〇一六年二版。

張文良：《《大乘起信論》思想史研究》，北京：中國社會科學出版社，二〇二〇年。

梁志明等主編：《東南亞古代史》，北京：北京大學出版社，二〇一三年。

陳士強：《大藏經總目提要·文史藏》，上海：上海古籍出版社，二〇〇八年。

陳寅恪：〈梁譯大乘起信論僞智愷序中眞史料〉，《陳寅恪先生文史論集》，香港：文文出版社，一九七二年，頁五五至五九。
馮承鈞：《中國南洋交通史》，臺北：臺灣商務印書館，一九六二年臺一版。
湯用彤：《漢魏兩晉南北朝佛教史》，北京：北京大學出版社，二〇一一年。
楊維中：《中國唯識宗通史》，南京：鳳凰出版社，二〇〇八年。
義淨原著、王邦維校注：《南海寄歸內法傳校注》，北京：中華書局，一九九五年。
鄭曉筠：《世界佛教通史·第十二卷·斯里蘭卡與東南亞佛教》，北京：中國社會科學出版社，二〇一五年。
顏尚文：《梁武帝》，臺北：東大圖書公司，一九九九年。
羅香林：《唐代廣州光孝寺與中印交通的關係》，香港：中國學社，一九六〇年。
釋印順：《印度佛教思想史》，臺北：正聞出版社，一九八六年。
釋印順：《以佛法研究佛法》，臺北：正聞出版社，一九九一年。
釋印順：《大乘起信論講記》，新竹：正聞出版社，二〇〇〇年新版。

釋印順：《中國禪宗史》，臺北：正聞出版社，一九九四年。
釋恆清：《佛性思想》，臺北：東大圖書公司，一九九七年。
釋聖凱：《攝論學派研究》，北京：宗教文化出版社，二〇〇六年。
釋聖嚴：《大乘止觀法門之研究》，臺北：法鼓文化出版公司，一九九七年。
桑吉夫．桑亞爾著，拉妮譯：《七河之地：印度地理史略》，臺北：廣場出版，二〇一九年。
G．賽代斯著：《東南亞的印度化國家》，北京：商務印書館，二〇〇八年。
S．R．戈耶爾著，黃寶生譯：《印度佛教史》，北京：中國社會科學出版社，二〇二〇年。
平川彰著，莊崑木譯：《印度佛教史》，臺北：商周出版，二〇〇二年。
石澤良昭著，瞿亮譯：《東南亞：多文明世界的發現》，北京：北京日報出版社，二〇一九年。
鎌田茂雄著，關世謙譯：《中國佛教通史》（四），高雄：佛光文化事業有限公司，二〇一六年二版。
宇井伯壽：《印度哲學研究》（第六），東京：岩波書店，一九六五年。
岩田諦靜：《眞諦の唯識說の研究》，東京：山喜房佛書林，二〇〇四年。

柏木弘雄：《大乘起信論の研究》，東京：春秋社，一九八六年。
高崎直道：〈瑜伽行派の形成〉，收於平川彰等編集：《唯識思想》，東京：春秋社，一九八二年，頁一至四二。
船山徹編：《眞諦三藏研究論集》，京都：京都大學人文科學研究所，二〇一二年。

國家圖書館出版品預行編目（CIP）資料

真諦大師：漢傳唯識學先驅／黃國清編撰 — 初版
臺北市：經典雜誌，慈濟傳播人文志業基金會，2022.03
400 面；15×21 公分 —（高僧傳）
ISBN 978-626-7037-44-7（精裝）
1.(陳)釋真諦 2. 佛教傳記 3. 唯識學
229.3354 111002104

真諦大師——漢傳唯識學先驅

創 辦 人／釋證嚴

編 撰 者／黃國清
主編暨責任編輯／賴志銘
行政編輯／涂慶鐘
美術指導／邱宇陞
插圖繪者／林國新
校對志工／林旭初

發 行 人／王端正
合心精進長／姚仁祿
傳 播 長／王志宏
平面內容創作中心總監／王慧萍

內頁排版／尚璟設計整合行銷有限公司
出 版 者／經典雜誌
慈濟傳播人文志業基金會
112019臺北市北投區立德路2號
客服專線／（02）28989991
傳真專線／（02）28989993
劃撥帳號／19924552 戶名／經典雜誌
印 製／新豪華製版印刷股份有限公司
經 銷 商／聯合發行股份有限公司
231028新北市新店區寶橋路235巷6弄6號2樓
（02）29178022
出版日期／2022年3月初版一刷
定 價／新臺幣380元